Andrea Grossmann
Martin Riegler

Genussvoll essen bei Reflux & Sodbrennen

mit 60 neuen Rezepten nach dem Ampelprinzip

KNEIPP
VERLAG WIEN

Inhalt

EINLEITUNG

REZEPTE

Vorwort

Liebe Leserin, lieber Leser!
Was tun, wenn Essen und Trinken Refluxbeschwerden auslösen?

Essen ist Freude, Genuss, Lust und ein fundamentaler, wichtiger Bestandteil unseres gesellschaftlichen und kulturellen Lebens. Außerdem sind Essen und Trinken lebensnotwendig. Nur so bekommen wir jene Energie, die wir zum Leben brauchen.

Im Rahmen des Stoffwechsels wird die in den Nahrungsmitteln enthaltene Energie für unseren Körper aufgenommen, umgewandelt und bereitgestellt. Dabei helfen Magen, Darm und die zahlreichen Drüsen, etwa Speicheldrüse, Leber, Gallenblase, Bauchspeicheldrüse, Schilddrüse, Nebenschilddrüsen, aber auch die Nieren sowie die Nebennieren. Sie sorgen dafür, dass der Stoffwechsel harmonisch und ausgewogen funktioniert und wir keine Beschwerden haben.

Aber: Ein Zuviel an falschem, ungesundem Essen und Trinken kann zu Beschwerden führen. Diese stören dann Wohlbefinden, Stimmung und Gesundheit.

Dieses Buch behandelt ein Thema, das viele Menschen betrifft. Es verbindet Kochkunst und Medizin, Genuss und Gesundheit und zeigt, wie wirkungsvoll die richtige Ernährung gegen Reflux wirken kann. Leckere Rezepte helfen dabei, Beschwerden wie Sodbrennen, Husten, Hals- und Atembeschwerden zu lindern.

Auf den nächsten Seiten zeigen wir Ihnen einen ganz einfachen Weg, wie Sie den Reflux und die durch ihn ausgelösten lästigen Beschwerden einfach durch das richtige Rezept, aber ohne Operation und meist auch ohne Medikamente, erfolgreich in den Griff bekommen. Denn: Mit der richtigen Lebensmittelauswahl können Sie Ihre Beschwerden beseitigen oder zumindest so stark lindern, dass Lebensqualität und Wohlbefinden wieder stimmen.

Uns ist bewusst: Essen und Trinken sind fundamentale, wesentliche Bestandteile unseres Lebens und weit mehr als reine Energieaufnahme. Neben Genuss und Freude hat Kulinarik zudem kulturelle, soziale und kommunikative Funktionen. Umso wichtiger ist es, all diese Bedürfnisse unter einen Hut zu bringen und dabei gleichzeitig Beschwerden erfolgreich zu lindern. Und genau das tut dieses

Buch. Es kombiniert Notwendigkeit und Genuss, Verständnis und Lust, Funktion und Freude.

Hiermit laden wir Sie zur Anti-Reflux-Ernährung nach dem Ampelprinzip ein. Wissenschaftliche Studien haben ihre Wirksamkeit in der Behandlung von Reflux bestätigt. Das Prinzip ist ganz einfach und schnell erklärt: Sie lassen das weg, was den Reflux fördert. Deswegen haben eine renommierte Haubenköchin und ein Refluxexperte ihre Köpfe zusammengesteckt, um für Sie einen abwechslungsreichen Reigen an köstlichen Rezepten gegen Reflux zusammenzustellen. Es motiviert zu bewusster Ernährung und einem gesunden Lebensstil.

Die Anti-Reflux-Ernährung nach dem Ampelprinzip ist einfach strukturiert und erfolgt in drei Phasen. Auf die strenge rote Phase folgt die gelockerte gelbe Phase und dann leben sie weitgehend in der grünen Phase. Treten bei Ihnen erneut Beschwerden auf, gehen Sie für kurze Zeit eine Phase zurück, um dann wieder normal essen und trinken zu können, ohne dabei Beschwerden zu haben.

Wir hoffen, dass Ihnen dieses Buch helfen wird, den Reflux und die Beschwerden nachhaltig und genussvoll in den Griff zu bekommen und Ihre Lebensqualität wieder herzustellen. Möge der außerordentlich motivierende Reigen der köstlichen Rezepte Ihren Gefallen finden.

Also viel Spaß bei der Lektüre und Freude und Genuss beim „Wegessen von Reflux" wünschen Ihnen

Andrea Grossmann und Martin Riegler. Pörtschach und Wien im September 2023

Danke

Wir danken unseren Familien, Freunden und Lehrern, ohne deren Geduld, Verständnis und Unterstützung dieses Buch nie möglich gewesen wäre.

Besonderer Dank gilt jenen Menschen, die uns ihr Vertrauen schenkten, denen wir dienen durften und von denen wir unglaublich viel über die zahlreichen Aspekte der Refluxerkrankung lernen durften.

Was ist eigentlich Reflux?

Ein unangenehmes Brennen, das vom Magen beginnend über das Brustbein und bis in den Hals hinein spürbar ist – kennen Sie das? Sodbrennen ist das bekannteste Symptom einer Erkrankung, die sich Reflux nennt. Etwa jeder Dritte ist davon betroffen. Neben Sodbrennen treten bei Reflux weitere Beschwerden auf. Die Probleme kommen dadurch zustande, dass Mageninhalt bestehend aus Säure, Galle und Unverdautem in die Speiseröhre zurückfließt und von dort bis in Hals, Nebenhöhlen, Rachen und Lunge gelangen kann (Rückfluss = Reflux). In der Folge kommt es zu Entzündungen, die Nerven sind gereizt und das schmerzt. Der Rückfluss und die damit verbundenen Beschwerden sind möglich, weil der Schließmuskel am unteren Ende der Speiseröhre (Anti-Reflux-Ventil) undicht geworden ist.

Fakten!

Schon gehört? Auch die Ohren leiden unter Reflux?
Der Rückfluss von Mageninhalt entzündet nicht nur die Speiseröhre. Auch die Schleimhäute im Mund (Zähne, Zunge, Rachen) und der Ohren können betroffen sein. Deshalb kann Reflux auch Beschwerden im Kiefer- oder Ohrenbereich verursachen. Und sogar die Lunge kann betroffen sein. Außerdem kann die dauerhafte Entzündung der Speiseröhre zu einem Barrett Ösophagus (Refluxschleimhaut mit erhöhtem Krebsrisiko) und schlimmstenfalls Speiseröhrenkrebs führen.

Verschiedene Stufen der Durchlässigkeit

Im Frühstadium ist der Bereich zwischen Zwerchfell und Magen ausgeleiert. Dadurch wird das Anti-Reflux-Ventil am Ausgang der Speiseröhre undicht. Aber es besteht noch kein Zwerchfellbruch.

Beim fortgeschrittenen Stadium liegt ein sogenannter Zwerchfellbruch (Hiatus Hernie) vor. Das bedeutet: Die Zwerchfelllücke, durch die die Speiseröhre zum Magen kommt, ist vergrößert. Die Folge: Mageninhalt gelangt zurück in die Speiseröhre. Außerdem kommen Teile von Magen und Speiseröhre, die eigentlich unterhalb des Zwerchfells liegen, über das Zwerchfell in den Brustraum hinauf. Das führt neben Sodbrennen und Husten zu Magendruck, Schmerzen, Kurzatmigkeit und Herzrasen, weil Magen und Speiseröhre in Folge des Zwerchfellbruchs nach dem Essen auf das Herz und die Lungen drücken. Das wird möglich, weil der Schließmuskel am unteren Ende der Speiseröhre (Anti-Reflux-Ventil) undicht geworden ist.

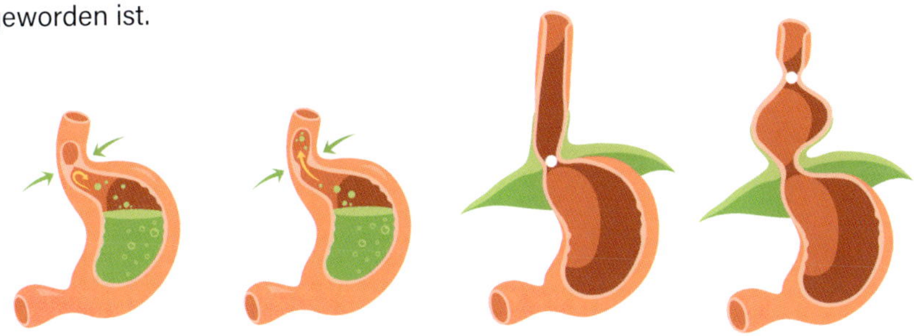

Mehr als Sodbrennen — Beschwerden bei Reflux

Ist der Reflux stark ausgeprägt, weil beispielsweise ein Zwerchfellbruch vorliegt, können neben Sodbrennen und Husten weitere Symptome wie Magendruck, Schmerzen, Kurzatmigkeit und Herzrasen auftreten. Magen und Speiseröhre drücken dann nämlich nach dem Essen auf das Herz und die Lungen.

Fakten!

Symptome auf einen Blick

- Sodbrennen
- Kurzatmigkeit
- Herzrasen
- Magenschmerzen
- Übelkeit
- Husten
- Heiserkeit
- Räusperzwang
- Knödelgefühl im Hals
- trockener Mund
- Zungen-, Mund-, Rachen-, Lippen-, Halsbrennen
- fauliger, saurer, bitterer Geschmack
- Entzündungen der Nebenhöhlen

Nicht ganz dicht?

Es kann verschiedene Ursachen haben, wieso das Anti-Reflux-Ventil am Ende der Speiseröhre schwächer wird.

Operation, Unfall, Krankheit
Sie hatten eine Operation wegen Hämorrhoiden, Krampfadern (Varizenoperation), eines Leisten- oder Nabelbruchs? Oder einen Unfall, beispielsweise einen Sturz, ein Trauma, Sportverletzungen oder Arbeitsunfälle? Oder Sie leiden an Essstörungen (Anorexie, Bulimie) oder Migräne (Kopfschmerzen) mit immer wiederkehrendem Erbrechen? Dann kann Reflux eine Begleitbeschwerde sein.

Genetik
Wer eine angeborene, vererbte Schwäche des Bindegewebes hat, leidet auch häufig unter Reflux, ebenso nahe Verwandte.

chronischer Medikamentenkonsum
Psychopharmaka, Anti-Schmerz-Medikamente wie bei Migräne, Rheuma oder Rückenschmerzen – alle diese begünstigen einen Reflux.

ungesunder Lebensstil
Übergewicht, Bewegungsmangel, Alkohol-, Nikotin- oder Drogenkonsum – es gibt viele gesundheitliche Beschwerden, die auf ungesundem Lebensstil fußen. Reflux auch.

schweres Heben
Wer im Beruf oder beim Sport häufig schwer heben muss, beeinträchtigt damit sein Anti-Reflux-Ventil.

Schwangerschaft
Auch Schwangere gehören zu denjenigen, die häufiger an Reflux leiden.

Medizinische Abklärung

In einem Erstgespräch fragt Ihr Arzt Sie nach Art, Schwere und Häufigkeit Ihrer Beschwerden, wie beispielsweise Sodbrennen, Husten oder Halsschmerzen. Zudem wird abgefragt, wie sehr die Beschwerden Ihre Lebensqualität, Leistungsfähigkeit und Ihr Wohlbefinden beeinträchtigen. Zur Vorbereitung auf das Gespräch, können Sie das Refluxtagebuch (siehe S. 19) zu Hilfe nehmen.

Bei einer Gastroskopie (Magenspiegelung) werden Ihnen unter Narkose Gewebeproben entnommen. In einer folgenden mikroskopischen Untersuchung können so Art und Grad der Refluxentzündung bestimmt werden. Die Gewebeprobe gibt außerdem Hinweis, ob ein Krebsrisiko besteht (Barrett Ösophagus, Krebsvorstufe).

Mittels Druck- und Refluxmessung (pH-Metrie) wird ermittelt, wie stark das Anti-Reflux-Ventil in der Speiseröhre geschwächt ist.

Nach der Abklärung gibt es für jede Betroffene, jeden Betroffenen eine maßgeschneiderte, individuell abgestimmte Refluxtherapie mit dem Ziel, die Beschwerden zu lindern und ein mögliches Krebsrisiko zu minimieren. Therapeutisch kann ein Reflux mit Medikamenten, mit einer Lebensstilanpassung (Ernährung, Sport, Entspannung) oder mit einer Operation (siehe unten) behandelt werden. Eine Ernährungsanpassung nach dem Ampelprinzip ist so erfolgversprechend, dass Sie diese auf jeden Fall ausprobieren sollten.

Mythen?

Reflux-OP - wann ist sie nötig?

In seltenen Fällen (ca. 5 %) bekommen Sie den Reflux mit der Ernährung alleine nicht in den Griff, weil das Anti-Reflux-Ventil einfach zu schwach ist. Dann darf eine Operation gegen den Reflux empfohlen werden. Suchen Sie sich dafür ein spezialisiertes Zentrum mit entsprechender langjähriger Erfahrung. Fürchten müssen Sie sich vor dem Eingriff nicht. Im Gegenteil, individuelle Diagnose, Therapie und Nachsorge vermögen Ihre Lebensqualität und Ihr Wohlbefinden nachhaltig wieder herzustellen.

Refluxtherapie mit Medikamenten

Medikamente verändern den Säuregehalt des Mageninhalts. So fließt weniger Säure in die Speiseröhre zurück. Medikamente reparieren jedoch nicht das undichte Anti-Reflux-Ventil. Sie nehmen Ihren Reflux nur einfach nicht so stark wahr. Im Gegensatz dazu vermag unsere Ernährung den eigentlichen Reflux um 60 Prozent zu reduzieren.

Es gibt verschiedene Medikamente gegen Sodbrennen, darunter Säurebinder, die die Säure im Magen binden und neutralisieren, Histaminblocker, die einen Teil der Säureproduktion hemmen, und Magensäureblocker (z. B. Protonenpumpenhemmer, PPI). Letztere sind am wirksamsten, da sie die Magensäureproduktion direkt hemmen. Bitte sparsam einsetzen, etwa 1–2-mal pro Woche.

Eine Dauertherapie mit einem Magensäureblocker ist nur eingeschränkt und nur unter Betreuung zu empfehlen (siehe S. 26). Denn er setzt bei der Folge der Erkrankung an, nicht bei der Ursache. Zwar werden einige Beschwerden gelindert, andere, wie beispielsweise Heiserkeit oder Halsbrennen, bleiben jedoch bestehen, weil weiterhin dauerhaft Mageninhalt, der nur einfach nicht mehr so sauer ist, zurückfließt.

Deswegen ist es wichtig, Refluxerkrankungen unbedingt ganzheitlich und vor allem individuell zu betrachten. Eine medikamentöse Therapie kann unterstützen, aber Ernährung und weitere Lebensstilfaktoren wie Bewegung, Yoga, Entspannung oder Meditation gehören ebenfalls dazu.

Übrigens: Bitte beginnen Sie keine wie auch immer geartete Refluxtherapie ohne entsprechende ärztliche Begleitung; sprechen Sie mit Ihrer Ärztin/Ihrem Arzt darüber.

Rieglr-Methode

Wichtig zu wissen

Bezeichnend für den Reflux: Die Beschwerden verschwinden während des Essens, um typischerweise 30–60 Minuten danach wieder aufzutreten. Betroffene sind während des Essens beschwerdefrei. Warum? Essen reinigt die Speiseröhre und hilft vorübergehend gegen Reflux.

So geht's

- ✓ Individueller Plan
- ✓ Anti-Reflux-Ventil abdichten
- ✓ Konzentrierten Zucker meiden
- ✓ Längere Esspausen meiden
- ✓ Ursachen-Bekämpfung

Esspausen meiden

Wenn Sie wenig oder gar nichts essen, fehlt Ihrem Körper Energie und Ihre Verdauung wird träge. Resultat: Völlegefühl, Blähungen, Müdigkeit oder Verstopfung. Am besten essen Sie zwischen den Mahlzeiten alle 1–2 Stunden Salatgurke, sauren Apfel (z. B. Granny Smith) oder Radieschen – Reflux und Beschwerden nehmen ab.

Richtig essen

Nahrungsmittel, die konzentrierten Zucker (siehe S. 12) enthalten, schwächen das Anti-Reflux-Ventil und fördern eine Überdehnung des Magens. Unsere Empfehlung: Reduzieren Sie konzentrierten Zucker und auch Ihr Reflux reduziert sich in den meisten Fällen.

Grund für Beschwerden: konzentrierter Zucker

Konzentrierter Zucker ist aus seiner natürlichen Umgebung und Verbindungen herausgelöst und dadurch konzentriert. Das Herauslösen geschieht mittels Zubereitung in der Küche beispielsweise durch Mahlen, Pressen, Reiben, Kochen, Dünsten, Garen oder auch bei der Smoothie- oder Fruchtsaftherstellung. Künstlich und industriell geschieht diese Konzentration beim Herstellen raffinierter Zucker und synthetischer Süßungsmittel. In einigen Lebensmitteln kommt konzentrierter Zucker aber auch natürlich vor.

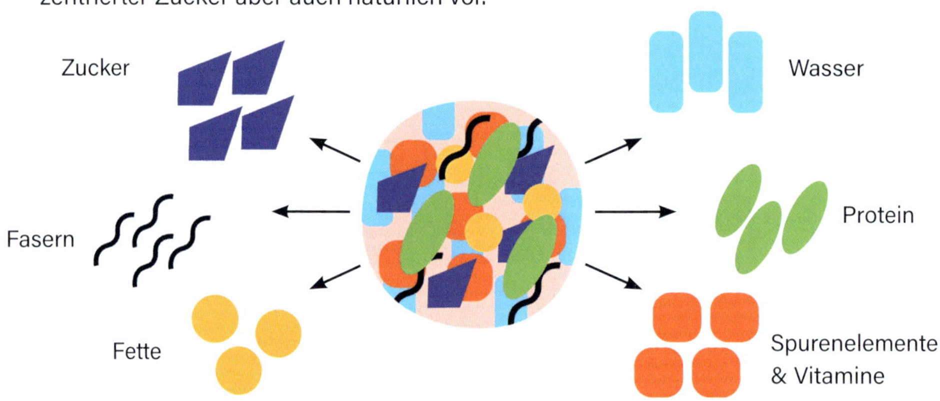

Konzentration durch Verarbeitung
Bei den verschiedenen Formen der Zubereitung von Lebensmittel, etwa Dünsten, Mahlen, Kochen, Garen, Pressen, Reiben oder Gären, wird Zucker aus seinem natürlichen Verbund herausgelöst und gelangt so als konzentrierter Zucker über die Nahrung in den Körper. Ihre Beschwerden sind dann die Reaktion des Körpers auf den konzentrierten Zucker.

Und genau hier setzt die Ernährung an. Wir empfehlen, Nahrungsmittel und Getränke zu meiden, die konzentrierten Zucker enthalten.

Konzentriert von Natur aus
In einigen Lebensmitteln kommt konzentrierter Zucker natürlicherweise vor. Das betrifft zum Beispiel die sogenannten Wurzelbildner (Keimlinge). Der konzentrierte Zucker sorgt hier gemeinsam, allerdings nicht im Verbund mit anderen wichtigen Bestandteilen (wie Eiweiß, Vitaminen oder Mineralstoffen) für die Bildung der Wurzel.

Zwiebel, Zuckerrübe, Kartoffel, Reis, Nüsse, Soja, Mandeln oder Getreide fallen zum Beispiel in diese Kategorie der Wurzelbildner. Ein Keimling kann übrigens auch flüssig sein – jede Form von Milch oder Eidotter stellt beispielsweise flüssige Keimlinge dar.

Künstlich konzentriert und kritisch
Letztendlich gibt es dann noch künstlich, industriell hergestellte konzentrierte Zucker, sog. chemisch-synthetische Süßungsmittel (Kandisin, Birkenzucker, Süßstoff, E-Stoffe: Xylit, Mannit, Aspartam, Cyclamat, Saccharin etc.) sowie Stevia (Süßkraut) und Kurkuma (Wurzelbildner).

Nicht konzentrierter Zucker

Nicht konzentrierter Zucker ist zusammen mit allen anderen Nahrungsmittelbestandteilen wie Eiweiß, Fett, Vitaminen, Mineralstoffen, Ballaststoffen und Wasser in Lebensmitteln enthalten. Gelangt Zucker in dieser Form in den Körper, wird er im Rahmen der Verdauung gleichmäßig und ausgewogen mit den anderen Bestandteilen aus dem Nahrungsmittel herausgelöst. Die Folge: Sie haben nach dem Essen keine Beschwerden wie Völlegefühl, Blähungen, Müdigkeit, Schwächegefühl, Schwitzen, Kopfschmerzen, Refluxbeschwerden, Herzklopfen, Kurzatmigkeit oder Bauchschmerzen und Durchfall.

Mythen?

Grüne Smoothies sind gesund?

Das stimmt nicht ganz. Denn wenn sie beispielsweise die Gurke für den Smoothie zerkleinern, indem Sie diese pürieren, trennen Sie den Zucker aus seinem harmonischen Verbund mit den anderen Nahrungsmittelbestandteilen heraus. Die Folge: Der Gurkensmoothie enthält konzentrierten Zucker und macht Ihnen Beschwerden wie Völlegefühl, Blähungen, Magenschmerzen, Bauchschmerzen, Durchfall oder Sodbrennen. Essen Sie Salatgurkenscheiben hingegen pur, bereitet das keine Beschwerden. Dasselbe geschieht übrigens auch beim Herstellen von Brot, Marmeladen oder Saucen.

Hier versteckt sich konzentrierter Zucker

Zubereitungsmethode

Mahlen, Quetschen, Walzen (z. B. Getreideprodukte wie Brot, Backwaren und Nudeln, aber auch Getreideflocken)
Reiben, Häckseln oder Pürieren
Pressen oder Passieren (z. B. Säfte, passierte Tomaten, Apfelmus)
Garen, Dünsten, Kochen, aber auch beim Aufbrühen von Tees oder Einkochen von Marmelade

Flüssige Lebensmittel

Milch
Milchprodukte (z. B. Sahne, Rahm und Butter)
Süßgetränke wie Energydrinks und „Zero-Zucker"-Getränke
Limonaden
Fruchtsäfte
Smoothies
Joghurtdrinks

Süßspeisen und Süßigkeiten

Torten und Kuchen
Kekse
Schokolade, Pralinen, Riegel
Bonbons und Fruchtgummi
Müsliriegel

Nahrungsmittel (Keimlinge)

Wurzelgemüse (z. B. Kartoffeln, Karotten und Rüben, Ausnahme: Radieschen)
Zwiebel
Kürbis
Avocado
Hülsenfrüchte (z. B. Bohnen, Erbsen, Linsen)
Zitrusfrüchte (z. B. Zitronen, Orangen, Mandarinen)
Beeren
Exotische Früchte (z. B. Melonen, Bananen, Papaya, Feigen, Datteln und Mango)
Steinfrüchte (z. B. Kirschen, Pflaumen und Marillen)
Nüsse, Samen, Kerne (z. B. Mandeln, Walnüsse, Lein- oder Sesamsamen aber auch Kokosnuss)

Künstlich hergestellte Inhaltsstoffe

Süßungsmittel (z. B. Kandisin)
Geschmackverstärker (z. B. Glutamat)
Zusatzstoffe mit einer E-Nummer

Fisch, Fleisch, Eier

Fisch oder Fleisch in Olivenöl grillen oder braten und nach Geschmack mit Salz, Pfeffer und frischen Kräutern und Gewürzen abschmecken.

- ✓ Rind, Schwein, Kalb, Lamm, Wild (frisch, TK oder geräuchert)
- ✓ Stücke von Huhn und Pute (frisch, TK oder geräuchert)
- ✓ Fisch oder Meeresfrüchte (ohne Zuckerzusatz, frisch, TK oder geräuchert)
- ✓ Roastbeef, Schinken, Speck (ohne Zuckerzusatz, frisch, TK oder geräuchert)
- ✓ Hart gekochtes Ei (mind. 10 Minuten gekocht)

Nahrung gegen Reflux-beschwerden

Folgende Nahrungsmittel helfen dabei, Ihre Beschwerden in den Griff zu bekommen. Die Lebensmittel sollten frisch oder tiefgekühlt sein und möglichst unverarbeitet. Eingelegtes, Konserven oder Fertiggerichte zählen nicht zu den empfehlenswerten Zutaten. Bereits beim Kaufen gewürztes Fleisch oder Fisch enthalten in den Gewürzen schon konzentrierten Zucker, dies ist auch bei fertigen Gewürzmischungen oft der Fall, darauf also verzichten.

Würzen

- ✓ Olivenöl
- ✓ Salz, Pfeffer
- ✓ Kräuter
- ✓ Kresse
- ✓ Knoblauch

Obst (mit Schale)

- ✓ Grüner Apfel (z. B. Granny Smith)
- ✓ Teilweise rote Äpfel (z. B. Pink Lady)
- ✓ Saurer Apfel (z. B. Boskop)
- ✓ Oliven

Gemüse (mit Schale)

- ✓ Blattsalate
- ✓ Kraut
- ✓ Chicorée
- ✓ Blattspinat
- ✓ Löwenzahn
- ✓ Rucola
- ✓ Grüne Paprika
- ✓ Tomaten
- ✓ Salatgurke
- ✓ Radieschen
- ✓ Fenchel
- ✓ Gekochter Spargel

Getränke

- ✓ Stilles Mineralwasser (ohne Kohlensäure)
- ✓ Tee
- ✓ Espresso oder Lungo (mit Wasser verdünnter Espresso) ohne Milch, Zucker, Süßstoffe

Anti-Reflux-Ernährung nach dem Ampelprinzip

Das Ampelprinzip der Anti-Reflux-Ernährung ist ganz einfach, es besteht aus drei Phasen – der roten, gelben und grünen Phase. Im Kern geht es darum, konzentrierten Zucker wegzulassen, bis Ihre Beschwerden nachlassen. Danach wird Ihr Speiseplan schrittweise wieder gefüllt. Außerdem wichtig: Jede Stunde eine Kleinigkeit essen. Denn Untersuchungen haben gezeigt, dass der Reflux so richtig eine Stunde nach einer Mahlzeit beginnt. Das deckt sich auch mit der Erfahrung Betroffener – da beginnen üblicherweise die Refluxbeschwerden.

Fakten!

Drei Phasen für weniger Beschwerden

Die Anti-Reflux-Ernährung besteht aus drei Phasen:

- rote Phase
- gelbe Phase
- grüne Phase

Die rote Phase ist die „strenge" Phase, in der Sie für 10 Tage jede Form von konzentriertem Zucker weglassen. 80–90 % der Betroffenen sind in dieser Phase nahezu beschwerdefrei. Welche Lebensmittel und Zubereitungsarten in dieser Zeit infrage kommen, lesen Sie ab Seite 20.

Nachdem Sie durch die Umstellung deutlich weniger Beschwerden haben, dürfen Sie die strenge Ernährung etwas lockern – die gelbe Phase beginnt und es kommen neue Zutaten hinzu: Geringe Mengen an Lebensmitteln, die konzentrierten Zucker enthalten, sind wieder erlaubt. Diese gelockerte gelbe Phase dauert 20 Tage.

Bis hierhin haben Sie die Umstellung gut geschafft. Nach insgesamt 30 Tagen Anti-Reflux-Ernährung in der roten und gelben Phase merken Sie eine deutliche Verbesserung und dürfen jetzt noch weiter lockern: Sie kommen in die grüne Phase. Das bedeutet, Sie essen Ihre Wunschkost. Und sollten Sie wieder Beschwerden haben, dann gehen Sie einfach für ein paar Tage eine Stufe zurück. Danach machen Sie mit der grünen Phase weiter.

Kleine Snacks mit großer Wirkung

Wichtig in allen Phasen – essen Sie jede Stunde eine Kleinigkeit. Sie haben die Auswahl aus folgenden Lebensmitteln:

- ✓ ¼ Salatgurke mit Schale
- ✓ ½ Apfel mit Schale
- ✓ 3 Radieschen mit Schale

Greifen Sie zu hochwertigen Produkten und waschen Sie diese vorher gründlich. Regelmäßiges Essen hilft dabei, Ihre Speiseröhre vom Reflux zu reinigen und zu säubern. Die regelmäßigen Snacks wirken wie ein Kärcher. Das gibt dem Anti-Reflux-Ventil Energie und Sie neutralisieren den Mageninhalt. Die Folge: Sie haben keinen Reflux und keine Beschwerden. Außerdem bekommen Sie ein Bewusstsein für gesunde Ernährung.

Das Wichtigste: Stellen Sie Ihre Ernährung nicht einfach ohne ärztliche Abklärung, Begleitung und eine gründliche, individuelle Refluxdiagnose um. Besprechen Sie sich immer mit Ihrem Arzt oder Ihrer Ärztin.

Das Ergebnis: Klare Refluxreduktion

Durch die beiden Hauptmaßnahmen während der 30-tägigen Diät – Weglassen von konzentriertem Zucker und das Vermeiden von längeren Essenspausen – reduzieren Sie den sauren Reflux deutlich um 60 Prozent. Bereits die Reduktion um 60 Prozent reicht aus, dass 80–90 Prozent der Betroffenen keine Refluxbeschwerden mehr haben. Unser Tipp: Behalten Sie auch nach der Diät die Gewohnheit bei, jede Stunde ein Stück Apfel, Gurke oder Radieschen zu essen.

Was tun, wenn die Anti-Reflux-Ernährung nicht hilft?

Sollten Sie in der roten oder der gelben, gelockerten Phase trotz Einhaltung der Anti-Reflux-Ernährung noch größere Beschwerden haben, dann ist die Schwäche des Anti-Reflux-Ventils im Ausgang der Speiseröhre größer, als sie die Ernährung zu kompensieren vermag.

In diesen Fällen sollten Sie mit Ihrem Arzt/Ihrer Ärztin eine Abklärung in Bezug auf eine Anti-Reflux-Operation erwägen. Kommen andere Ursachen für Ihre Beschwerden infrage? Auch das sollte ausgeschlossen werden. Folgende Bereiche sollten beleuchtet werden:

- × Hals-Nasen-Ohren
- × Herz
- × Blutdruck
- × Lunge
- × Schilddrüse
- × Leber
- × Bauchspeicheldrüse
- × Magen und Darm
- × Nieren
- × Stoffwechsel (möglicherweise ein Vitaminmangel)
- × Seelische Ursachen

Vorübergehend und unterstützend können in diesen Fällen Medikamente (siehe S. 10) empfohlen werden.

Anti-Reflux-Ernährung für Menschen, die sich vegan oder vegetarisch ernähren

Leben Sie vegan oder vegetarisch, dann beziehen Sie den überwiegenden Teil Ihrer Nährstoffe aus Wurzelbildnern (Keimlingen), wo die Nährstoffe in Kombination mit konzentriertem Zucker vorkommen. Dazu zählen beispielsweise Zitrusfrüchte (Orange, Zitrone), Kiwi, Mango, Papaya, Bananen, Bohnen (auch Sojabohnen und Sojaprodukte wie Tofu), Kokos, Getreide (Brot, Gebäck, Müsli), Erbsen (Hummus), Nüsse, Mandeln, Milchprodukte, Zwiebeln, Reis und Kartoffeln. Auch Honig, Marmeladen, Fruchtsäfte und Smoothies gehören dazu. Diese Nahrungsmittel lösen Reflux aus, ebenso wie vegan bzw. vegetarisch zusammengestellter Fleisch- bzw. Fischersatz.
Vor diesem Hintergrund lässt sich bei vegan bzw. vegetarisch ausgerichteter Lebensweise die Anti-Reflux-Ernährung nur teilweise umsetzen. Was bleibt, ist, dass Sie neben Ihren gewohnten Hauptmahlzeiten jede Stunde die Anti-Reflux-Zwischenmahlzeit einnehmen – Salatgurke, saurer Apfel oder Radieschen.

Mit dem stündlichen Essen können Sie den Reflux zumindest um 20–30 Prozent reduzieren. Mehr lässt sich bei veganer bzw. vegetarischer Lebensweise nicht erzielen. Das liegt in der Natur der Sache, da können weder Sie noch die Anti-Reflux-Ernährung etwas dafür.

Unser Tipp: Denken Sie darüber nach, vorübergehend für 10 Tage zumindest Fisch und Hühnerfleisch mit Salat zu essen, und schauen Sie, wie gut die Anti-Reflux-Ernährung gegen die Beschwerden hilft. Danach wird individuell die Ernährung für die gelockerte Phase (gelb) orchestriert. Probieren Sie es doch mal aus.

Auch für vegan und vegetarisch lebende Menschen gilt: keine Kostumstellung ohne ärztliche Begleitung.

Anti-Reflux-Ernährungstagebuch

Abschließend noch eine Empfehlung: Bestätigen Sie sich selbst den Effekt Ihrer Bemühungen während der Anti-Reflux-Ernährung. Dazu können Sie die Refluxbeschwerden-Tabelle nutzen. Füllen Sie die Tabelle am besten vor Beginn der Diät aus, und dann machen Sie das nochmal nach 10, 20 und 30 Tagen – also nach der roten Phase, während der gelben Phase und vor Beginn der grünen Phase. So sehen Sie die Wirkung der Anti-Reflux-Ernährung auf einen Blick – eine schöne Motivationshilfe.

Refluxbeschwerden	STARK	GERING	NICHT
Sodbrennen/saures Aufstoßen			
Husten			
Heiserkeit			
Knödel im Hals			
Halsschmerzen/Halskratzen/Halsbrennen			
Räuspern			
Schleim im Hals			
Mund- und Zungenbrennen/trockener Mund			
Magenschmerzen und/oder Übelkeit			
Völlegefühl, Blähungen, Stein-im-Magen-Gefühl			

Zutreffende Beschwerden (Art und Grad) bitte ankreuzen. Die Beschwerden vor Beginn der Kostumstellung angeben und dann nach 10, 20 und 30 Tagen, um den Effekt und die Wirkung der Ernährung zu dokumentieren.

Refluxfreundlich kochen mit dem Baukastenprinzip

Rote Phase

Frühstück

- ✓ Eine bunte Mischung aus dem erlaubten Gemüse und Obst
- ✓ Fisch oder Fleisch
- ✓ 1–2 hart gekochte Eier (10 Minuten gekocht)
- ✓ Gewürzt mit Pfeffer, Salz, Kräutern und Olivenöl

Getränke

- ✓ Stilles Wasser
- ✓ Schwarzer oder grüner Tee
  jeweils 20–30 Sekunden in heißem Wasser ziehen lassen. Damit verhindern Sie, dass zu viel konzentrierter Zucker aus dem Teeblatt gelöst wird.
- ✓ Espresso oder Lungo (Espresso mit heißem Wasser verdünnt)
  jeweils ohne Milch, Zucker oder Süßstoff

Achtung: Keine Kräutertees, denn da wird der Zucker beim Erhitzen aus dem Blatt heraus konzentriert und Sie haben eine Lösung mit konzentriertem Zucker.

Mittag- und Abendessen

- ✓ Die Getränke sind die gleichen wie beim Frühstück
- ✓ Ein bunter Rohkost-Salat aus dem erlaubten Gemüse und Obst
- ✓ Fisch oder Fleisch, gegart
  Gewürzt mit Pfeffer, Salz, Kräutern und Olivenöl

Zwischenmahlzeiten

Zwischen den Hauptmahlzeiten sollten Sie jede Stunde einen Snack essen. Die letzte dieser kleinen Zwischenmahlzeiten findet 10 Minuten vor dem Schlafengehen statt. Trinken Sie dazu ein Glas stilles Wasser. Das neutralisiert den Magen und die Speiseröhre für die Nacht.

Eine Zwischenmahlzeit besteht aus einer oder mehreren der folgenden Zutaten:

- ✓ ¼ Salatgurke mit der Schale
- ✓ ½ sauren Apfel (Granny Smith, Pink Lady) mit der Schale
- ✓ 4 Radieschen mit der Schale
- ✓ Nach Belieben: Schinken, Speck, Prosciutto oder geräucherter Fisch

Erlaubt bei ROT

Wenn Sie gerne eigene Gerichte kreieren, können Sie sich – je nach Phase der Anti-Reflux-Ernährung – einfach aus den Baukästen bedienen. So sehen Sie auf einen Blick, bei welchen Lebensmitteln Sie zugreifen dürfen.

Obst

- ✓ Säuerliche Äpfel z.B. Granny Smith, Pink Lady, Boskop

Gemüse

- ✓ Salatgurke
- ✓ Feldgurke
- ✓ Chicorée
- ✓ Radicchio
- ✓ Blattsalate
- ✓ Spinat
- ✓ Tomaten
- ✓ junge Zucchini
- ✓ Radieschen
- ✓ Fenchel
- ✓ Karfiol (Blumenkohl)
- ✓ gekochter Spargel

Eingelegtes

- ✓ Oliven (nur in Olivenöl eingelegt)
- ✓ Kapern (in Salz eingelegt)

Fisch und Meeresfrüchte

- ✓ Tintenfisch
- ✓ Garnelen
- ✓ Hummer
- ✓ Muscheln
- ✓ Thunfisch
- ✓ Lachs
- ✓ Wolfsbarsch
- ✓ Forelle
- ✓ Saibling
- ✓ Seezunge
- ✓ Schwertfisch

Verarbeitete Fisch-Meeresfrüchteprodukte

- ✓ geräucherter Lachs
- ✓ geräucherter Saibling
- ✓ Garnelen in Olivenö (aus dem Fischgeschäft, nicht aus dem Kühlregal)

Fleisch

- ✓ Huhn
- ✓ Pute
- ✓ Lamm
- ✓ Rind
- ✓ Schwein
- ✓ Wild
- ✓ Kaninchen

Verarbeite Fleischprodukte

- ✓ Roastbeef
- ✓ Speck
- ✓ Schinken
- ✓ Prosciutto (italienischer Rohschinken)
- ✓ kalter Schweinebraten

Kräuter und Gewürze

- ✓ Pfeffer
- ✓ Salz
- ✓ Basilikum
- ✓ Thymian
- ✓ Oregano
- ✓ Rosmarin
- ✓ Salbei
- ✓ Kresse
- ✓ Schnittlauch
- ✓ Dill
- ✓ Minze u. v. m.
- ✓ Olivenöl

Orange Phase

Zusätzlich, zu den Lebensmitteln aus der grünen Phase können Sie nun folgende neue Zutaten integrieren:

- ✓ 1–2 Scheiben Brot
- ✓ Als Beilagen: eine kleine Portion Kartoffel, Quinoa, Reis oder Nudeln
- ✓ Brot-ähnliches wie Strudelblätter, Filoteig
- ✓ Gemüse wie Kürbis, Brokkoli, Auberginen
- ✓ Keimlinge wie Pastinaken, Kohlrabi, rote Rüben, gelbe Rüben, Sellerie
- ✓ Kokosmilch
- ✓ Joghurt, Ricotta
- ✓ Hartkäse
- ✓ Pilze
- ✓ Honig
- ✓ Nüsse, Samen, Kerne (wie Pinienkerne)

Grüne Phase

- ✓ In der grünen Phase ist wieder alles erlaubt, sämtliche Früchte, Beilagen usw.

Fakten!

Das sollten Sie in der roten Phase NICHT verwenden

- × Zum Würzen und Braten: Essig, Senf, Mayonnaise, Saucen, Dressing, Kernöl, Leinsamenöl, Rapsöl
- × Obst: z. B. Feigen, Pflaumen, Beeren jeder Art, Banane, Orange, Mandarine
- × Nüsse & Getreide, z. B. Haferflocken, Müsli
- × Milchprodukte, Käse

Das dürfen Sie in minimalen Mengen verwenden

- × Zitrone, Limette
- × Papaya, Mango

Rote Phase

GURKENBURGER: Salatgurke quer durchgeschnitten, belegt mit Roastbeef, Schinken, Speck, Prosciutto oder geräuchertem Fisch (Lachs, Saibling, Forelle), darauf ein hart gekochtes Ei, Tomaten, Radieschen und Oliven, Kapern. Pfeffer, Salz, Gewürze, Olivenöl.

TOMATENPLATTE: Scheiben von Tomaten, Salatgurke oder saurem Apfel belegt mit Roastbeef, Schinken, Speck, Prosciutto, geräuchertem Fisch, dazu hartes Ei, Oliven, Kapern. Pfeffer, Salz, Gewürze (Oregano, Salbei), Olivenöl.

APFELBURGER: Apfelscheiben belegt mit Roastbeef, Schinken, Speck, Prosciutto, geräuchertem Fisch, darauf hartes Ei, Radieschenscheiben und Oliven, Kapern. Pfeffer, Salz, Gewürze, Olivenöl.

APFEL-SALATGURKE-BURGER: Salatgurke quer durchgeschnitten und Apfelscheiben, dazwischen: Roastbeef, Schinken, Speck, Prosciutto oder geräucherter Fisch (Lachs, Saibling, Forelle), ein hart gekochtes Ei, Tomaten, Radieschen und Oliven, Kapern. Pfeffer, Salz, Gewürze, Olivenöl.

KALTER SCHWEINSBRATEN mit Salatgurke, Apfel, Radieschen, Kapern, Oliven, Pfeffer, Salz, Gewürzen und Olivenöl.

PUTE garniert mit Salatgurke, Apfel, Radieschen, Tomaten, Kapern, Oliven, Pfeffer, Salz, Gewürzen und Olivenöl.

MORGENDLICHER ROHKOSTSALAT: Blattsalat, Salatgurke, Apfelscheiben, Radieschen, Kapern, Oliven, harte Eier (2 Stück). Pfeffer, Salz, Gewürze (Oregano, Salbei), Olivenöl.

FAQs – Häufig gestellte Fragen zu Reflux und Sodbrennen

Die Sache mit dem Zucker …

Was ist nicht konzentrierter Zucker?

Nicht konzentrierter Zucker ist zusammen mit den anderen Bestandteilen der Nahrung im Lebensmittel enthalten. In dieser Verbundform verursacht er keine Beschwerden wie Völlegefühl, Blähungen, Magenschmerzen, Sodbrennen, Husten oder Aufstoßen.

Was ist konzentrierter Zucker?

Konzentrierter Zucker entsteht, wenn er durch Zubereitung (Kochen, Pressen, Mahlen, Garen, Düsten, Pürieren) aus dem harmonischen Gefüge mit den anderen Bestandteilen der Nahrung herausgelöst wird.

Was bewirkt konzentrierter Zucker?

Konzentrierter Zucker schwächt das Anti-Reflux-Ventil im Ausgang der Speiseröhre. Zusätzlich hemmt er die Magenentleerung. Das führt zu Reflux und den damit verbundenen Beschwerden. Letztendlich belastet konzentrierter Zucker den Stoffwechsel. Die Folge: Müdigkeit und körperliche Schwäche nach dem Essen.

Wo kommt konzentrierter Zucker vor?

In der Natur kommt konzentrierter Zucker in Wurzelbildnern, sogenannten Keimlingen, vor. Sie ermöglichen zusammen mit anderen Nährstoffen das Wachstum der Wurzeln. Typische Wurzelbildner sind beispielsweise Zuckerrübe, Karotte, Kartoffel, Bohne, Erbse, Melone, Kürbis, Nüsse, Mandeln, Kokosnuss, Zitrusfrüchte, Getreidekörner und viele weitere.

Und dann gibt es den „flüssigen" Keimling. Das ist jede Art von Milch (Kuh, Ziege, Schaf, Kokos-, Mandel-, Sojamilch).

Ernährung bei Reflux

Wie wirkt die Anti-Reflux-Ernährung?

Durch Weglassen von konzentriertem Zucker reduzieren Sie den Reflux um 60 Prozent und damit haben Sie deutlich weniger Beschwerden.

Kann sich das Anti-Reflux-Ventil unter der Diät erholen?

Unter der Anti-Reflux-Ernährung kann sich das Anti-Reflux-Ventil teilweise wieder erholen. In den meisten Fällen kommt es in der gelockerten Phase nicht mehr zu Reflux und Beschwerden. Fazit: Die Diät kann die Funktion des Anti-Reflux-Ventils wieder verbessern.

Erleide ich einen Vitamin- und Mineralstoffmangel, wenn ich die Anti-Reflux-Ernährung mache?

Im Gegenteil, Sie schaffen ein Milieu, welches die Aufnahme der Vitamine aus den empfohlenen Nahrungsmitteln (Fisch, Fleisch, Salat, Apfel, Salatgurke) fördert. Sollten Ihre Labor-Blutwerte einen Mangel zeigen, empfehlen wir, entsprechende Nahrungsmittelergänzung in Form von Tabletten einzunehmen. Sprechen Sie dazu mit Ihrem Arzt oder Ihrer Ärztin.

Bei der Anti-Reflux-Ernährung isst man viel Schinken, Fisch und Fleisch, ist das schädlich?

Bei Fisch, Schinken, Speck und Fleisch kommt es immer darauf an, ob man diese Nahrungsmittel mit oder ohne Beilagen mit konzentriertem Zucker zu sich nimmt.

Meist verzehrt man Fisch, Schinken, Speck und Fleisch mit Beilagen wie Brot, Gebäck, Butter, Nudeln, Kartoffeln, Knödeln, Reis, Saucen, Mayonnaise, Senf – alle reich an konzentriertem Zucker. In dieser Form führen Fisch, Fleisch, Schinken und Speck zu Reflux, Sodbrennen und anderen Beschwerden.

Was bringt eine sogenannte „basische" Ernährung bei Reflux?

Der Magen braucht für die Verdauung ein saures Milieu. Essen Sie nun ein basisches Nahrungsmittel, kommt es zu einer vorübergehenden reaktiven Säure-Überproduktion im Magen. Die Folge: Der saure Mageninhalt fließt in die Speiseröhre zurück und macht Beschwerden, zum Beispiel Sodbrennen oder Husten. Enthalten die basischen Nahrungsmittel auch noch konzentrierten Zucker (z. B. Kartoffel oder Kartoffelsaft), dann verstärken Sie den Effekt, und die Beschwerden nehmen zu. Aus diesem Grund empfehlen wir bei Magenbeschwerden oder Sodbrennen, Nahrungsmittel zu essen, welche die Säure binden und keinen konzentrierten Zucker enthalten. Das sind Salatgurke, Radieschen, Äpfel.

Warum muss man jede Stunde eine Kleinigkeit essen?
Untersuchungen haben gezeigt, dass der Reflux so richtig eine Stunde nach einer Mahlzeit beginnt. Das deckt sich auch mit der Erfahrung Betroffener – da beginnen üblicherweise die Refluxbeschwerden.

Dem wirkt entgegen: Stündliches Essen von ¼ Salatgurke, ½ Apfel, 3–4 Radieschen (alles mit der Schale). Das reinigt die Speiseröhre vom Reflux und Sie haben keine Beschwerden.

Medikamente und Operationen …

Wie lange soll man Magensäureblocker nehmen?
Nehmen Sie Magensäureblocker als Überbrückung bis zu einer Anti-Reflux-OP oder 1–2 Mal pro Woche als Unterstützung der Anti-Reflux-Ernährung. Letzteres hilft vor allem in den Fällen, wo keine OP gegen den Reflux gewünscht ist.

Wichtig ist, dass mögliche Nebenwirkungen der Magensäureblockertherapie ausgeschlossen werden. Deshalb empfehlen wir regelmäßige Blutkontrollen (alle 4–6 Monate), um zu sehen, ob es unter der Therapie mit Magensäureblockern (PPIs) zu Nebenwirkungen kommt. Ebenso ist darauf zu achten, dass keine Erkrankungen der Augen (Glaukom), des Nervensystems (Alzheimer), des Blutes, der Leber, der Niere, des Darmes, der Knochen und des Bindegewebes übersehen werden, die gegen eine Gabe von Magensäureblockern sprechen.

Muss man sich vor einer Anti-Reflux-OP fürchten?
Suchen Sie sich ein dafür spezialisiertes Zentrum und Sie müssen sich vor einer Anti-Reflux-OP nicht fürchten. Sie bleiben 1–2 Tage im Krankenhaus, die OP an sich wird als sogenannter Knopfloch- oder Schlüssellocheingriff durchgeführt. Danach beraten Sie Ihre Ärztin oder Ihr Arzt, wie Sie sich nach der OP am besten ernähren und leben.

In 85 bis 95 Prozent der Fälle sind die Betroffenen auch 20 Jahren später noch mit dem Ergebnis zufrieden. In seltenen Fällen (ca. 10 Prozent) kann im Laufe des Lebens eine neuerliche OP notwendig sein. Wichtig sind eine dauerhafte Begleitung und Betreuung, etwa in Bezug auf Lebensstil und Ernährung nach einer Anti-Reflux-OP.

Muss man sich vor einem Krebs der Speiseröhre fürchten?
Es ist richtig: Reflux kann Krebs der Speiseröhre verursachen. Aber: Erfolgen entsprechende Vorsorgeuntersuchungen und Therapien in dafür spezialisierten Zentren, muss man heute keine Angst mehr vor einem Krebs der Speiseröhre haben. Rechtzeitig erkannt, kann das Krebsrisiko mittels moderner endoskopischer Methoden wirksam und langfristig gebannt werden.

Hilfe! Beschwerden bei Reflux

Was tun bei akuten Refluxbeschwerden wie Sodbrennen oder Hustenanfall?
Leiden Sie unter akuten Refluxbeschwerden, beispielsweise Husten, Sodbrennen oder Magenbrennen, dann empfehlen wir als Soforthilfe: Essen Sie ½ Salatgurke oder ½ sauren Apfel, dazu trinken Sie ¼ Liter stilles Wasser. Wiederholen Sie dies alle 30 Minuten und Sie werden sehen, Ihre Beschwerden gehen zurück.

Was tun, wenn man unter der Anti-Reflux-Ernährung Beschwerden hat?
Meist ist ein vorübergehender Mangel an Nahrung, Flüssigkeit und Energie der Grund für Beschwerden, die während der Anti-Reflux-Ernährung auftreten. Haben Sie zu wenig gegessen oder getrunken, kommt es zu Schwindel, Magenschmerzen, Herzklopfen und Übelkeit. Sollten solche Beschwerden auftreten, dann trinken und essen Sie bitte sofort entsprechend ausreichend. Gehen die Beschwerden damit nicht weg, dann kontaktieren Sie umgehend Ihre Ärztin oder Ihren Arzt.

Was tun, wenn Salatgurke, Apfel und Radieschen gegen akute Refluxbeschwerden nicht helfen?
Bestehen trotz der Maßnahmen immer noch starke Beschwerden, dann gehen Sie in die nächste Apotheke und holen Sie sich einen Säurebinder (beispielsweise Rennie, Maalox, Gaviscon, Ziverel, Easygastril, Reflu, Refluthin) oder einen Magensäureblocker (PPI). Damit sollten Sie akute Beschwerden in den Griff bekommen.

Wichtig: Gehen Sie am nächsten Tag zu Ihrer Ärztin oder zu Ihrem Arzt, damit dieser eine entsprechende medizinische Abklärung veranlassen kann, um eine genaue Diagnose stellen zu können. Unternehmen Sie keinesfalls eine Selbstmedikation und Therapie ohne ärztliche Begleitung.

Hinweis

- ✓ Die Rezepte sind für 2 Personen.
- ✓ Wir verwenden schwarzen frisch gemahlenen Pfeffer, nach Geschmack kann auch gemischter Pfeffer verwendet werden.
- ✓ Gemüse wird geputzt, gewaschen und ggf. geschält. Abweichendes wird angemerkt.
- ✓ Kräuter werden gewaschen, trocken getupft und von Stängeln oder Zweigen gezupft. Zerzupfen oder hacken. Gewürze werden frisch gemahlen oder gerieben. Kräuter und Gewürze werden nach Geschmack verwendet.
- ✓ Ingwer schälen und fein hacken, Zitronengras in feine Streifen schneiden, Chili ohne Kerne fein hacken, Olivenöl sparsam verwenden.
- ✓ Der Backofen wird, wenn nicht anders vermerkt, auf Ober- und Unterhitze vorgeheizt.

Rote Phase

Gebackene Avocado mit Eidotter

2 vollreife Avocados
4 Eidotter
Salz
Pfeffer
1 TL getrocknete Kräutermischung (Basilikum, Oregano, Thymian, Salbei)
1 Apfel
100 g Wassermelone
½ Salatgurke
Thymian
Zitronenmelisse

Anrichten
Schnittlauchöl
(siehe Zubereitung Petersilienöl Seite 48/49)

→ Avocado halbieren und den Stein entfernen. In jede Avocadohälfte einen Eidotter geben. Würzen, mit dem Dotter nach oben auf ein Backblech legen und ca. 15 Minuten backen.

→ Apfel, Wassermelone und Gurke schälen, entkernen und in kleine Würfel schneiden. Mit Thymian und Zitronenmelisse parfümieren.

→ Fruchttatar auf einen Teller platzieren und gebackene Avocado daraufgeben. Mit Schnittlauchöl beträufeln.

TIPP

Ab der orangen Phase können Sie eine feine Roggenerde dazu servieren. Dafür den Backofen auf 180 °C vorheizen. 1 Scheibe altbackenes Roggenbrot in kleine Würfel schneiden und in eine Backform verteilen. Im Ofen knusprig backen. Auskühlen lassen und im Cutter zu feinen Bröseln mixen. Dazu passt hervorragend Prosciutto.

Mediterran gefüllte Zucchini und marinierte Tomaten

2 Jungzwiebeln (Frühlingszwiebeln)
½ grüner Paprika
2 mittelgroße gelbe Zucchini
Olivenöl
Salz
300 g faschiertes Rindfleisch (Rinderhackfleisch)
Salz
10 entsteinte Kalamata-Oliven
Pfeffer
gemischte Kräuter (Rosmarin, Salbei, Thymian, Oregano nach Geschmack)
4 Tomaten
Basilikum

→ Jungzwiebeln und Paprika klein würfelig schneiden. Zucchini längs halbieren und mit einem Löffel aushöhlen. Einen ca. 1 cm dicken Rand stehen lassen. Zucchini mit etwas Olivenöl auspinseln und leicht salzen.

→ Den Backofen auf 190 °C vorheizen. Das ausgelöste Fruchtfleisch der Zucchini klein würfelig schneiden und mit dem Faschierten in Olivenöl scharf anbraten. Oliven vierteln und dazugeben. Mit Salz und Pfeffer abschmecken und die Masse in die Zucchini füllen.

→ In eine feuerfeste Form geben, mit etwas Olivenöl beträufeln, mit den gemischten Kräutern bestreuen und im Ofen ca. 15 Minuten backen.

→ Tomaten in Scheiben schneiden, kreisförmig anrichten. Öl, Basilikum, Salz und Pfeffer verrühren. Die Tomaten damit einstreichen.

TIPP

In der orangen Phase können Sie 50 g geriebenen Parmesan unter die Zucchinifüllung mischen.
In der grünen Phase können Sie zum Dressing noch 2 EL Balsamico und 2 EL Pinienkerne geben.

Eiweiß-Omelette mit Schinken und Parmesan

4 Scheiben Bauernschinken
2 Jungzwiebeln (Frühlingszwiebeln)
5 Eiweiß
Salz
Pfeffer
1 Prise Ras el Hanout

Anrichten
Rucola
Radieschen
Tomaten
Schnittlauch

→ Eiweiß in einer kleinen Schüssel leicht aufschlagen. Salzen und pfeffern. Jungzwiebeln und Schinken in feine Streifen schneiden.

→ Eine beschichtete Pfanne erhitzen (wenn möglich ohne Fett) und Jungzwiebeln und Schinken glasig anrösten. Eiweißmasse auf den Schinken geben und braten, bis die Unterseite fest ist. Wenden, abdecken und Hitze reduzieren. Kurz fest werden lassen.

→ Omelette mit Schnittlauch bestreuen und mit Rucola, Radieschen und Tomaten servieren.

TIPP

Für die orange Phase 60 g geriebenen Parmesan auf dem gewendeten Omelette verteilen, abdecken und Hitze reduzieren und ebenfalls kurz fest werden lassen. Eidotter verwerten: Für gratinierte Dotter die Dotter in kleine mit Olivenöl ausgepinselte Auflaufformen oder Kaffeetassen geben. Mit Fleur de Sel und geschrotetem Pfeffer würzen. Zucchini raspeln und mit etwas geriebenem Parmesan vermengen. Auf den Dottern verteilen und im vorgeheizten Backofen bei 180 °C ca. 7 Minuten backen (Dotter muss fest sein!). Oder probieren Sie Gebackene Avocado mit Eidotter von Seite 30/31.

Spargel im Schinken-Zucchini-Mantel

500 g Spargel
Salz
2 grüne Zucchini
8 Scheiben gekochten Beinschinken
2 Handvoll Rucola
Olivenöl
geschroteter bunter Pfeffer
gemischte Kräuter (nach Geschmack)

→ Spargel schälen und in Salzwasser bissfest kochen. Spargel aus dem Sud nehmen. Schale im Spargelsud auskochen und abseihen. Sud auf die Hälfte einreduzieren, beiseitegeben.

→ Zucchini in sehr feine Streifen schneiden. Im Spargelfond kurz blanchieren, damit die Zucchinistreifen beim Einrollen nicht brechen. Schinken in lange Streifen schneiden.

→ Zucchinistreifen auflegen, mit Schinkenstreifen belegen und die Spargel daraufsetzen. Einrollen.

→ Spargelrollen in eine Pfanne geben und mit etwas Spargelfond übergießen. Erwärmen.

→ Rucola mit einer Marinade aus Olivenöl, Salz, buntem Pfeffer und Kräutern marinieren und mit dem warmen Spargel servieren.

TIPP

Spargel lässt sich gut vorbereiten und ist z. B. mit Brotcroûtons auch für die orange Phase hervorragend geeignet.

Weißkraut und geräucherte Entenbrust

400 g Weißkraut (Jungkraut)
100 g Lauch
100 g grüner Paprika
50 g Bauchspeck
2 EL Olivenöl
Salz
Pfeffer
1 TL fein gehackte frische Petersilie
Koriander
Saft und Schale von 1 Orange
Kümmelsamen (ganz oder gemahlen)
1 Entenbrust
Räuchersalz
Chilischote
½ reife Mango

Anrichten
Koriander
Sprossen

→ Weißkraut, Lauch und Paprika der Länge in feine Streifen schneiden. Bauchspeck in feine Würfel schneiden.

→ Olivenöl im Topf erhitzen, Kraut, Lauch, Speck und Paprika anbraten, mit Salz, Pfeffer und Kräutern würzen und mit etwas Orangensaft und Wasser aufgießen. Orangenschale für die Ente beiseitegeben. Zugedeckt auf kleiner Flamme weichdünsten. Eventuell noch etwas Wasser zugeben.

→ Den Backofen auf 180 °C vorheizen. Entenbrust auf der Hautseite diagonal mehrmals einschneiden. Eine ofenfeste Pfanne erhitzen und die Entenbrust auf der Hautseite scharf anbraten. Sobald die Hautseite knusprig ist, die Orangenschale und die Chili ins Fett geben und die Entenbrust wenden und ca. 2 Minuten weiterbraten. Entenbrust mit der Pfanne für 10–12 Minuten im heißen Ofen fertiggaren. Fleisch muss innen noch rosa sein. Entenfilet aus dem Fett nehmen, in Alufolie wickeln und rasten lassen.

→ Mango in Filets schneiden und in etwas Entenfett kurz anbraten. Ente dünn aufschneiden und mit den Mangofilets auf dem Weißkraut anrichten. Mit etwas Koriander und Sprossen garnieren.

TIPP

Das Entenfett abseihen und zur weiteren Verwendung in den Kühlschrank stellen.
In der grünen Phase kann das Kraut mit Obers (Sahne) oder Crème fraîche verfeinert werden.

Krosser Schweinebauch mit lauwarmem Rotkrautsalat

Schweinebauch
500 g magerer Schweinebauch mit Schwarte
Salz
Pfeffer
100 g Lauch
1 Knoblauchzehe
Kümmelsamen (ganz oder gemahlen)
Olivenöl
200 ml dunkles Bier
1 TL Honig
200 ml Gemüsefond

Rotkrautsalat
400 g Rotkraut
Salz
1 Apfel
5 EL Olivenöl
wenig Zitronensaft
Pfeffer
50 g Lauch

→ Fleisch mit der Schwartenseite nach unten in einen Topf geben und so viel Wasser dazugeben, dass das Fleisch ca. 2–3 cm hoch im Wasser ist. Etwa 15 Minuten köcheln lassen. Den Bauch herausheben und in die Schwarte quer mit einem scharfen Messer etwa 5 mm tiefe Rauten schneiden. Fleisch mit der Schwarte nach oben in einen Bräter geben und den Backofen auf 200 °C vorheizen.

→ Lauch und Knoblauch klein schneiden und mit Kümmel in heißem Olivenöl anbraten. Mit Fond aufgießen. Kurz köcheln lassen und dann über den Braten gießen. Fleisch in den Ofen geben. Nach 10 Minuten die Hitze auf 170 °C reduzieren. Etwas Gemüsefond aus dem Topf nehmen und mit Honig verrühren. Das Fleisch abwechselnd mit einem stark salzigen Wasser (Salzlösung: 1 TL Salz auf 150 ml Wasser) und dem Sud einpinseln. Das bringt die Schwarte zum „Krachen".

→ Rotkraut fein hobeln. Mit etwas Salz durchkneten, damit es etwas weicher wird. Apfel schälen und in Streifen schneiden. 4 EL Olivenöl und Zitronensaft verrühren, pfeffern und mit dem Rotkraut vermengen. Lauch klein schneiden und im restlichen Olivenöl glasig braten, Rotkraut dazugeben und kurz anrösten. Rotkraut sollte noch knackig sein.

→ Fleisch in Streifen schneiden und auf dem Salat servieren.

TIPP

In der grünen Phase passt zum Salat noch cremiger Feta.

Salbei-Kalbskotelett und Karfiolreis

Kalbskotelett
2 Kalbskoteletts
Salz
Olivenöl
15 Salbeiblätter
Pfeffer

Karfiolreis
300 g Karfiol (Blumenkohl)
100 g Lauch
Olivenöl
Salz
Pfeffer
2 EL fein gehackte Petersilie
Gemüsefond nach Bedarf

→ Den Backofen auf 80 °C vorheizen. Kalbskoteletts abtupfen und auf einer Seite salzen. Mit der gesalzenen Seite nach unten in Olivenöl scharf anbraten. Wenden, die Salbeiblätter dazugeben, mit Pfeffer würzen und nochmals kräftig anbraten.

→ Fleisch im vorgeheizten Ofen bei 80 °C ca. 25–30 Minuten garen lassen.

→ In der Zwischenzeit den Karfiol grob reiben (reisähnlich). Lauch in feine Streifen schneiden. Olivenöl erhitzen und das Gemüse darin anbraten. Würzen. Eventuell mit etwas Gemüsefond aufgießen. Vor dem Servieren die Petersilie unterheben.

→ Fleisch aus dem Ofen nehmen, in Folie wickeln und warmstellen. Salbeiblätter aus dem Sud nehmen und den Sud in einem kleinen Topf einreduzieren. Koteletts vor dem Anrichten in Scheiben schneiden. Mit Fleur de Sel bestreuen.

TIPP

In der orangen Phase kann der Karfiolreis mit 2–3 EL Ricotta verfeinert werden.

Paillard vom Rind mit gebratenen Radieschen

1 Bund Radieschen
Olivenöl
Salz
Pfeffer
gemischte Kräuter (Basilikum, Thymian, Minze, Petersilie, Currykraut, Bohnenkraut nach Geschmack)
2 Scheiben Beiried vom Almochsen (à ca. 180 g)
Olivenöl
je 1 Zweig Rosmarin und Thymian
Rucola
Mangostreifen

→ Radieschen putzen und halbieren und in Olivenöl 5–6 Minuten stark anbraten, würzen und mit den Kräutern bestreuen. Nochmals gut durchrösten.

→ Das Fleisch plattieren, es sollte ca. 4–5 mm dick sein. Zum Plattieren zwischen zwei leicht eingeölte Klarsichtfolien legen, so reißt es nicht.

→ Eine Grillpfanne ohne Fett stark erhitzen. Fleisch auf einer Seite einölen und würzen. Mit der geölten Seite nach unten in die Pfanne geben und auf jeder Seite 1 Minute grillen. Rosmarin und Thymian mitgrillen.

→ Das Fleisch nochmals mit etwas Olivenöl beträufeln. Rucola und Mangostreifen auf dem Fleisch verteilen und das Fleisch einrollen. Mit den gebratenen Radieschen servieren.

TIPP

In der orangen und grünen Phase können Sie zum Rucola noch etwas Parmesan und 1 TL alten Balsamico geben.

Alpenheu-Rinderfilet mit Spargel-Zucchini-Gemüse

300 g grüner Spargel
Salz
1 Prise Zucker
200 g Zucchini
1–2 Rinderfilets (insgesamt ca. 200 g)
Salz
geschrotete oder grob gemahlene bunte Pfeffermischung
Heu (gereinigt oder aus der Apotheke)
Wiesenkräuter (Schafgarbe, Stachelhalm, Giersch, Kleeblüten nach Geschmack)
Olivenöl
Thymian

→ Spargel schälen und in Salzwasser mit 1 Prise Zucker bissfest garen. Abseihen und den Sud beiseitegeben.

→ Zucchini vierteln und in ca. 2 cm dicke Scheiben schneiden. Spargel in 2-cm-Stücke schneiden. Spitzen mit etwas Spargelfond zum Anrichten zur Seite geben.

→ Backofen auf 150 °C vorheizen. Rinderfilet trockentupfen und gut würzen, in Olivenöl auf allen Seiten scharf anbraten. Heu und Kräuter in eine ofenfeste Pfanne geben, das Fleisch daraufsetzen, mit Heu und Kräuter bedecken und etwas Spargelfond angießen. Zugedeckt im Ofen ca. 20 Minuten bis zu einer Kerntemperatur von 58 °C ziehen lassen.

→ Aus Wiesenkräutern, Salz und Olivenöl ein Kräuteröl herstellen (siehe Petersilienöl Seite 48/49). Kurz vor Ende der Garzeit Spargel und Zucchini darin anrösten, ca. 3 EL Spargelfond dazugeben und warmstellen. Spargelspitzen erwärmen.

→ Fleisch aus dem Ofen nehmen und das Heu abputzen. Gemüse auf vorgewärmte Teller geben, Filet in Tranchen schneiden und mit etwas Fleu de Sel bestreuen. Mit Thymian, Spargelspitzen und Wiesenkräuterolivenöl fertigstellen.

Vitello Tonnato Balance

Thunfisch
200 g roher Thunfisch (Sushi-Qualität)
Olivenöl
1 Chilischote
Zitronensaft (sehr wenig)
Ingwer
Zitronengras
Sesamöl

Kalb
300 g Kalbsrücken
Salz
Pfeffer
je 1 Zweig Thymian und Rosmarin
Olivenöl

Fertigstellen
150 g Thunfisch in Öl (aus der Dose)
1 TL Kapern oder einige Kapernbeeren
150 g Ricotta
etwas Olivenöl
Zitronensaft (sehr wenig)
Salz
Pfeffer

Anrichten
Radieschen
Kapernbeeren
Kresse

→ Thunfisch in ca. 2 mm dünne Scheiben schneiden. Auf einem Teller auslegen und mit etwas Olivenöl einpinseln. Chili fein schneiden. Zitronensaft, Ingwer und Zitronengras und Sesamöl gut verrühren. Thunfisch mit dieser Paste einstreichen, folieren und kaltstellen.

→ Den Backofen auf 120 °C vorheizen. Kalbsrücken würzen und mit den Kräutern im heißen Olivenöl rundum scharf anbraten. Im Ofen ca. 10 Minuten bis zu einer Kerntemperatur von 58 °C garen. Fertiges Fleisch in Folie wickeln und bei 58 °C rasten lassen.

→ Thunfisch aus dem Öl nehmen und in einem etwas höheren Gefäß mit den restlichen Zutaten mit dem Stabmixer aufmixen. Würzen.

→ Das Kalbfleisch sehr dünn aufschneiden. Thunfischcreme auf Teller streichen, Fleisch und Thunfisch leicht überlappend anrichten und mit Kapernbeeren, Radieschen und Kresse garnieren.

TIPP

Die Paste für den Thunfisch kann ab der orangen Phase mit etwas Sojasauce verfeinert werden.

Avocado-Bowl mit Putenstreifen und Ei

2 Salatherzen
4 Radieschen
6 Strauchtomaten
2 reife Avocado
½ grüner Paprika
4 hartgekochte Eier
400 g Putenfilet
Salz
Pfeffer
je 1 Zweig Thymian und Rosmarin
Olivenöl
½ Apfel
6 schwarze Oliven ohne Stein
Zitronensaft (sehr wenig)
Salz
geschroteter oder grob gemahlener Pfeffer
Kresse
Essblumen

→ Salatherzen halbieren und die Blätter lösen. Radieschen in feine Scheiben schneiden und in Eiswasser legen. Tomaten halbieren. Stein aus der Avocado lösen, Fruchtfleisch in Streifen schneiden. Paprika in Streifen schneiden. Eier pellen und vierteln.

→ Putenfilets mit Salz und Pfeffer würzen. Thymian- und Rosmarinzweig kurz in heißem Olivenöl braten. Putenfilets dazugeben. Scharf anbraten. Paprika dazugeben und kurz mitbraten. Thymian und Rosmarin entfernen. Putenfilets in Streifen schneiden.

→ Apfel grob reiben, Oliven klein schneiden. Zitronensaft, Olivenöl und Gewürze mit geriebenem Apfel und Oliven zu einer Marinade vermengen. Salatherzen, Tomaten und Avocado damit marinieren und in Schüsseln anrichten. Mit Radieschen, Putenstreifen, Paprika und hartgekochten Eiern belegen. Mit Kresse und eventuell Essblumen garnieren.

Gemüseeintopf mit Rucolapesto und Kaisergranat

Eintopf
80 g grüne Zucchini
80 g gelbe Zucchini
80 g Brokkoli
80 g grüne Bohnen
80 g Lauch
Olivenöl
Salz
Pfeffer
Basilikum, Oregano, Thymian
1 Lorbeerblatt
600 ml Gemüsefond
2 cl Noilly Prat

Rucolapesto
50 g Rucola
50 g Parmesan
Olivenöl
Salz
Pfeffer

Kaisergranat
4 Kaisergranaten oder Riesengarnelen
Salz
Pfeffer
Rosmarin
Olivenöl

Anrichten
Rucola

→ Gemüse in kleine Würfel bzw. Röschen und Strunk vom Brokkoli in Würfel schneiden. Lauch halbieren und in Streifen schneiden.

→ Gemüse mit Gewürzen und Kräutern in Olivenöl anbraten. Mit Noilly Prat und Gemüsefond aufgießen und leicht köcheln lassen, bis das Gemüse bissfest ist.

→ Rucola klein schneiden, Parmesan grob reiben und mit den restlichen Zutaten für das Pesto im Standmixer aufmixen.

→ Von Kaisergranaten Schale und Darm entfernen. In ca. 2 cm dicke Stücke schneiden und mit den Gewürzen und Kräutern marinieren. In etwas Olivenöl scharf anbraten.

→ Gemüse auf vorgewärmte Teller geben, die Kaisergranaten darauf verteilen, mit dem Pesto beträufeln und mit Rucola garnieren.

TIPP

Ab der orangen Phase den Eintopf mit 2 cl Noilly Prat abschmecken und mit Parmesanspänen servieren.

Lauwarmer Radicchio-Fenchel-Salat mit gebeiztem Saibling

Petersilienöl
100 g Petersilie
Olivenöl
Salz

Saibling
2 Saiblingsfilets (à 120 g)
Salz
Pfeffer
Zitronensaft (sehr wenig)

Radicchio-Fenchel-Salat
2 Radicchio di treviso
1 Fenchel
Olivenöl
Salz
Pfeffer
1 Apfel
Schnittlauch

Anrichten
Crispy Petersilie (siehe Tipp)

→ Petersilie mit Stielen klein schneiden. Mit Olivenöl und etwas Salz aufmixen. Ca. 10 Minuten ziehen lassen, nochmals aufmixen und durch ein feines Sieb gießen (siehe Tipp).

→ Fischfilets waschen, trockentupfen, mit Salz, Pfeffer und Zitronensaft würzen und mit dem Petersilienöl einreiben. Mit Folie abdecken und marinieren lassen.

→ Radicchio und Fenchel in Streifen schneiden und in Olivenöl leicht anrösten. Würzen. Apfel vierteln und entkernen und in Streifen schneiden. Mit dem Schnittlauch zum warmen Gemüse geben und gut vermengen.

→ In eine beschichtete Pfanne die Fischfilets zuerst auf der Hautseite knusprig braten. Mit dem Petersilienöl beträufeln und kurz wenden. Fisch sollte innen noch leicht glasig sein.

→ Lauwarmes Gemüse auf tiefen Tellern anrichten, Saiblingsfilet aufsetzen und mit Petersilienöl und Crispy Petersilie finalisieren.

TIPP

Den Rückstand des Petersilienöls aus dem Sieb auf ein Backpapier geben und im Ofen bei 80 °C trocknen lassen. Crispy Petersilie als Dekor verwenden.

Thunfischtatar mit Avocado-Mousse

Tatar
250 g roher Thunfisch (Sushi Qualität)
100 g Salatgurke
50 g Apfel
½ Jungzwiebel (Frühlingszwiebel, weiße Hälfte)
½ Chilischote
Zitronengras
Ingwer
Salz
Pfeffer

Mousse
2 reife Avocados
1 EL Ricotta
Salz
Pfeffer
evtl. wenig Zitronensaft

→ Thunfisch in Scheiben schneiden und anschließend fein hacken. Salatgurke und Apfel schälen, entkernen und in kleine Würfel schneiden. Jungzwiebel halbieren und in feine Streifen schneiden. Chili fein hacken. Dann sämtliche Zutaten und Gewürze gut vermengen und kühl rasten lassen.

→ Avocadofruchtfleisch mit Ricotta, Salz und Pfeffer fein mixen. Eventuell mit wenig Zitronensaft verfeinern.

TIPP

Ab der orangen Phase schmecken dazu Roggenbrot-Chips. Dazu eine beschichtete Pfanne mit etwas Olivenöl bepinseln und zwei dünne Brotscheiben knusprig braten. Außerdem können Sie dann den Thunfisch mit Sojasauce würzen.

Gratinierter Fenchel und Wildlachssteak

Fenchel
2 Fenchel
Olivenöl
Salz
Pfeffer
Majoran
1 Jungzwiebel (Frühlingszwiebel)

Lachs
2 Steaks vom Wildlachs (à ca. 180 g)
Salz
Pfeffer
1 Prise Zitronencurry

Anrichten
Zitronenscheiben
100 g Tomatenconcassé (fein gewürfelt)
Fleur de Sel
Orangenthymian

→ Fenchel putzen, halbieren und in schöne Scheiben schneiden. Fenchel salzen, pfeffern, mit den Kräutern bestreuen und in Olivenöl beidseitig anbraten. Mit etwas Wasser aufgießen und den Fenchel leicht bissfest garen.

→ Währenddessen Jungzwiebel in feine Ringe schneiden und im Olivenöl glasig anrösten. Kurz vor Ende der Garzeit auf dem Fenchel verteilen.

→ Lachssteaks würzen. Eine beschichtete Pfanne erhitzen und mit etwas Olivenöl einpinseln. Den Lachs zuerst auf der Hautseite knusperig braten, dann mit etwas Olivenöl beträufeln, wenden und nochmals 1–2 Minuten braten. Lachs sollte innen noch leicht glasig sein. Zitronenscheiben unter der Haut anrichten. Mit dem Fenchel, Tomatenconcassé, Fleu de Sel und Orangenthymian servieren.

TIPP

In der orangen Phase können Sie den Fenchel statt mit Wasser auch mit etwas Orangensaft aufgießen. Außerdem können Sie dann auch die gerösteten Jungzwiebeln mit 1 EL geriebenem Parmesan vermengen und die Mischung ebenfalls kurz vor Garende auf dem Fenchel verteilen.

Salatröllchen Niçoise auf Tomatencarpaccio

Salatröllchen
180 g roher Thunfisch
Kräutersalz
Pfeffer
Olivenöl
½ Eisbergsalat
50 g junge Erbsenschoten
Salz
Pfeffer
Zitronensaft (sehr wenig)

Carpaccio
Tomaten
Kräuteröl (aus Kerbel oder Petersilie siehe Tipp)
Kresse nach Geschmack

Anrichten
Käsechip (nur ab der orangen Phase)

→ Thunfisch mit Olivenöl einpinseln und mit Salz und Pfeffer würzen. In einer beschichteten Pfanne auf beiden Seiten je ca. 2 Minuten braten. Thunfisch sollte in der Mitte noch roh sein. Nach Geschmack etwas Zitronensaft zugeben.

→ Vom Eisbergsalat 4 schöne Blätter zur Seite geben. Rest in feine Streifen schneiden. Erbsenschoten in Streifen schneiden und gemeinsam mit dem Salat in etwas Olivenöl kurz braten.

→ Die 4 beiseitegelegten Blätter in der Mitte mit den angebratenen Gemüsestreifen belegen. Thunfisch in ca. 1 cm dicke Streifen schneiden und darauflegen. Würzen. Fest einrollen und eventuell mit einem kleinen Holzspieß fixieren oder einem blanchierten Lauchstreifen binden.

→ Tomaten in feine Scheiben schneiden. Kreisförmig auf einen Teller legen und mit dem Kräuteröl bepinseln. Salatröllchen diagonal halbieren und auf das Carpaccio legen. Mit bunter Kresse garnieren.

TIPP

Für das Kräuteröl Kerbel oder Petersilie mit Stielen klein schneiden. Mit Olivenöl und etwas Salz aufmixen. Ca. 10 Minuten ziehen lassen, nochmals aufmixen und durch ein feines Sieb gießen.
Junge Erbsenschoten haben noch keine Erbsen ausgebildet und können daher bereits in der roten Phase verzehrt werden.

Buntes Ofengemüse und Waller im Pergamentpapier

Für 4 Personen
100 g Fenchel
200 g Melanzani
200 g gelbe Zucchini
80 g Lauch
100 g grüner Paprika
je 4 Zweige Rosmarin und Thymian
Kräutersalz
Pfeffer
Olivenöl
Zitronenzesten
Zitronensaft (sehr wenig)
4 Wallerfilets (à 200 g)

→ Fenchel blättrig schneiden, das restliche Gemüse in mundgerechte Stücke teilen. Die Kräuter mit wenig Kräutersalz und Pfeffer kurz in Olivenöl anrösten, das Gemüse dazugeben und goldgelb anrösten. Mit Salz, Pfeffer, Zitronenzesten und -saft abschmecken.

→ Waller trockentupfen, die Hautseite mehrmals einschneiden und mit Salz und Pfeffer würzen. In einer beschichteten Pfanne auf der Hautseite ca. 3 Minuten braten.

→ Den Backofen auf 170 °C vorheizen. Vier Stücke Pergament- oder Backpapier à ca. 25 x 25 cm zuschneiden.

→ Etwas Gemüse zum Anrichten beiseitestellen. Restliches Gemüse in die Mitte der Papierstücke geben, den Waller mit der Hautseite nach unten auf das Gemüse setzen. Mit je einem der gerösteten Thymianzweige belegen. Die Papierseiten hochziehen und mit einem Spagat bzw. Küchengarn verschließen.

→ Päckchen auf ein Backblech geben und im vorgeheizten Ofen ca. 15 Minuten fertiggaren. Das Päckchen auf Teller setzen und öffnen und mit dem restlichen Gemüse servieren.

Forelle mit zweierlei Stangensellerie, Apfelcoulis und Kerbelöl

20 g frischer Kerbel
Salz
Olivenöl
200 g Stangensellerie
1 Zweig Thymian
1 Apfel (z. B. Boskop oder Golden Delicious)
1 TL Honig
½ TL fein gehackter Thymian
2 Forellenfilets
Selleriesalz
Pfeffer
1 TL Zitronensaft
2 Streifen Speck
Schnittlauch

→ Kerbel mit Salz und 4 EL Olivenöl aufmixen. Kurz stehen lassen und durch ein feines Sieb gießen, nachdrücken, sodass möglichst viel Öl gewonnen wird.

→ Sellerie putzen und in ca. 5 cm große Stücke schneiden. In Salzwasser mit dem Thymian bissfest kochen. Dann die Hälfte vom Sellerie herausnehmen und warmstellen, den Rest weichkochen. Weichen Sellerie mit etwas Olivenöl und Kochwasser pürieren.

→ Apfel schälen und mit dem Parisienne-Ausstecher kleine Kugeln ausstechen (oder in kleine Würfel schneiden). Apfelkugeln mit Honig in einer Pfanne karamellisieren und mit etwas gehacktem Thymian bestreuen.

→ Forellenfilets trockentupfen, die Hautseite mehrmals vorsichtig einschneiden, mit Selleriesalz, Pfeffer und Zitronensaft würzen. Etwas Olivenöl in der Pfanne erhitzen und die Filets auf der Hautseite einige Minuten knusprig braten, den Speck mitbraten. Wenden, sehr kurz braten, damit der Fisch noch glasig bleibt.

→ Mit Kräuteröl beträufeln und mit zweierlei Sellerie, Apfelcoulis, Speck und Schnittlauch garniert servieren.

TIPP

Apfelabschnitte können auch gemeinsam mit der zweiten Hälfte vom Sellerie weichgekocht und püriert werden. Ab der orangen Phase können Sie das Selleriepüree mit 2 EL Ricotta verfeinern.

Pot au feu von Meeresfrüchten

400 g gemischte Fische (Rotbarsch, Kabeljau, Seelachs)
4 Garnelen
1 Jungzwiebel (Frühlingszwiebel)
1 Fenchel
1 Knoblauchzehe
2 Wacholderbeeren (zerdrückt)
1 Sternanis
2 Gewürznelken
Safran
Olivenöl
Meersalz
Pfeffer
Zitronenzesten
Erbsenkresse (alternativ Schnittlauch)

→ Fischfilets und Garnelen zuputzen. Karkassen und die Schalen der Garnelen in einem Topf mit etwas Olivenöl scharf anbraten. Mit Wasser aufgießen und köcheln lassen. Abseihen und den Fischfond beiseitestellen.

→ Jungzwiebel in Ringe und Fenchel in feine Streifen schneiden. Knoblauchzehe und Wacholderbeeren zerdrücken. Jungzwiebeln, Fenchel, Knoblauch und Gewürze in Olivenöl anrösten. Mit 250 ml Fischfond aufgießen. Köcheln lassen. Knoblauch, Sternanis und Gewürznelken entfernen.

→ Fischfilets und Garnelen in mundgerechte Stücke schneiden und in der Fischsuppe 5–6 Minuten gar ziehen lassen. Suppe mit Salz, Pfeffer und Zitronenzesten abschmecken. Mit Fenchelgrün und etwas Erbsenkresse bestreut servieren.

TIPP

In der grünen Phase können Sie zum Pot au feu Baguette und Sauce Rouille servieren.
Ab der orangen Phase können Sie das Pot au feu mit 1 Schuss Pernod verfeinern.

Seeteufel-Saltimbocca auf feiner Brokkolicreme

300 g Cima di Rapa (alternativ anderer wilder Brokkoli oder normaler Brokkoli)
Olivenöl
Salz
Zitronenthymian
300 g Seeteufelfilets
Salz
Pfeffer
4 Salbeiblätter
4 Scheiben Schinkenspeck
Kräuteröl (siehe Tipp)

→ Cima di Rapa in etwas Olivenöl mit Thymian anbraten (normalen Brokkoli in Röschen in Salzwasser mit dem Thymian weichkochen, dann etwas Kochwasser in eine Tasse abgießen und beiseitestellen, Rest weggießen. Thymian entfernen. Ein paar Stängel zur Dekoration beiseitegeben. Restlichen Brokkoli mit dem Stabmixer aufmixen, ggf. etwas Kochwasser dazugeben. Püree durch ein Sieb streichen und warmstellen.

→ Fisch mit kaltem Wasser abbrausen und trockentupfen. Würzen und in vier gleich große Stücke schneiden. Jedes davon mit einem Salbeiblatt belegen und mit einem Schinkenblatt umwickeln.

→ Olivenöl in einer beschichteten Pfanne erhitzen und die Fischfilets rundum scharf anbraten.

→ Brokkolicreme mit etwas Olivenöl aufmixen und mit dem beiseitegegebenen Brokkoli und Saltimbocca belegen. Mit einem Kräuteröl finalisieren.

TIPP

Kräuter, Salz und Olivenöl aufmixen. Kurz stehen lassen und durch ein feines Sieb gießen, nachdrücken, sodass möglichst viel Öl gewonnen wird.

Orange Phase

Guacamole in Knusper-Cannelloni mit Prosciutto

Guacamole
1 große reife Avocado
1 Tomate
1 Jungzwiebel (Frühlingszwiebel)
etwas Zitronensaft
Salz
Pfeffer
Chilischote
Olivenöl

Cannelloni
2 Strudelblätter
Olivenöl
Gemischte gehackte Kräuter

Anrichten
Prosciutto
Radieschen
Mango

→ Avocado halbieren, mit dem Löffel das Fruchtfleisch herauslösen, dann klein würfeln. Stein beiseitegeben. Tomaten entkernen und ebenfalls klein würfeln. Jungzwiebelweiß in sehr feine Ringe schneiden, das Grün wird nicht benötigt. Alle Zutaten für die Guacamole gut vermengen. Den Avocadostein dazugeben (der Kern enthält wichtige Enzyme, die dafür sorgen, dass das Avocadofruchtfleisch länger frisch bleibt und nicht braun wird) und mit einer Folie abdecken.

→ Backofen auf 180 °C vorheizen. Strudelblatt auslegen, mit Olivenöl bestreichen und mit den Kräutern bestreuen. Zweites Blatt darauflegen und festdrücken und wieder mit wenig Olivenöl bestreichen. Strudelblätter in Streifen schneiden und um Metallringe oder Schaumrollenformen legen. Im Ofen goldgelb backen.

→ Knusper-Cannelloni vorsichtig von den Rollen lösen mit Guacamole füllen und mit Prosciutto servieren. Mit Radieschen und Mango garnieren.

Kürbis-Schaumsuppe und Lauch-Crostini

Kürbissuppe
300 g Hokkaido oder Muskat (geschält)
100 g Lauch
Olivenöl
250 ml Gemüsefond
250 ml Kokosmilch
1 Lorbeerblatt
Salz
Pfeffer

Lauch-Crostini mit Strudelteig
2 Toastscheiben
100 g Lauch
Olivenöl
40 g Parmesan
Salz
Pfeffer
Chiliöl

Anrichten
Zitronenminze

→ Kürbis und Lauch in kleine Stücke schneiden. Olivenöl im Topf erhitzen und das Gemüse scharf anbraten. Mit Gemüsefond und Kokosmilch aufgießen, aufkochen, würzen. Köcheln lassen, bis das Gemüse weich ist. Mit dem Stabmixer fein pürieren. Eventuell durch ein Sieb streichen.

→ Backofen auf 180 °C vorheizen. Toastscheiben entrinden und zwischen Folie dünn auswalzen. Im Ofen goldgelb backen. Lauch längs halbieren und in feine Streifen schneiden. In etwas Olivenöl anrösten. Parmesan reiben, dazugeben. Gut vermengen, salzen und pfeffern. Die Masse auf den Toasts verteilen.

→ Suppe vor dem Servieren nochmals aufschäumen und mit fein geschnittener Zitronenminze garnieren, Toast nach Geschmack in Stücke schneiden und zur Suppe servieren.

Cappuccino von Pastinaken und Kokos

600 g Pastinaken
200 g Lauch
1 Kartoffel
Maisstärke
Olivenöl
2 EL Butter
1 l Gemüsefond
250 ml Kokosmilch
Zitronengras
Ingwer
Chilischote
Muskatnuss
Zitronenzesten

→ Pastinake klein schneiden. Das Grün vom Lauch in feine Streifen schneiden, restlichen Lauch klein schneiden. Kartoffel klein schneiden.

→ Lauchgrün mit etwas Maisstärke vermengen und im heißen Öl knusprig braten. Auf einem Küchenpapier abtropfen lassen.

→ Butter und Olivenöl im Topf erhitzen und das Gemüse darin anrösten. Mit Gemüsefond und Kokosmilch aufgießen und Gewürze dazugeben. Köcheln lassen, bis das Gemüse weich ist.

→ Suppe pürieren und durch ein Sieb streichen. Mit Zitronenzesten abschmecken. Vor dem Servieren stark aufschäumen.

Gefüllte Kohlrabi mit Pilzen und gebratene Pak-Choi-Blätter

Kohlrabi
2 große Kohlrabi
Salz
Pfeffer
2 Jungzwiebeln (Frühlingszwiebeln)
1 grüner Paprika
100 g Champignons
1 EL Olivenöl
Oregano
Thymian
1 EL Ricotta
30 g Parmesan gerieben

Pak Choi
100 g Quinoa
Kreuzkümmel
Chilischote
Zitronengras
Salz
4 Pak Choi
Olivenöl

Anrichten
frische Kräuter (z. B. Majoran, Thymian, Essblüten)

→ Kohlrabi schälen. Kohlrabis in einen Topf legen und mit so viel Wasser auffüllen, bis die Knollen bedeckt sind, leicht salzen, ca. 25 Minuten köcheln lassen. Herausnehmen. Fond beiseitegeben.

→ Jungzwiebeln fein hacken, Paprika in kleine Würfel schneiden. Champignons halbieren und in Scheiben schneiden. Kräuter und Gemüse in Olivenöl rösten, bis das Wasser verdampft ist.

→ Backofen auf 180 °C vorheizen. Kohlrabi mit einem Eisportionierer oder Kaffeelöffel aushöhlen. Der Rand sollte dabei ca. 2 cm dick sein. Ausgeschabtes grob hacken und mit dem restlichen Gemüse vermischen. Eventuell nachwürzen und mit Ricotta verfeinern.

→ Masse in die ausgehöhlten Kohlrabi füllen, festdrücken. Parmesan reiben. Kohlrabi in eine feuerfeste Form geben, etwas vom beiseitegestellten Kohlrabifond in die Form geben und Kohlrabi mit Parmesan bestreuen. Im Ofen ca. 15 Minuten fertiggaren.

→ Quinoa mit heißem Wasser ordentlich waschen. Mit Wasser, Kreuzkümmel, Chili, Salz, Zitronengras und Salz zugedeckt 10 Minuten leicht köcheln lassen. Vom Herd nehmen und ca. 15 Minuten quellen lassen.

→ Pak Choi waschen, Blätter abzupfen und in heißem Olivenöl kurz anrösten, mit etwas Kohlrabifond aufgießen und Quinoa unterheben.

→ Mit frischen Kräutern servieren.

Gratinierter Chicorée mit Mandeln und Kräuterseitlingen

250 g Kräuterseitlinge
100 g Lauch oder Jungzwiebel (Frühlingszwiebel)
Peperoni oder Chilischote
2 EL Olivenöl
1 Stängel Thymian
1 TL fein gehackter Majoran
½ Bund Petersilie
150 g Parmesan
2 EL Mandelmehl
2 große Chicorée
100 ml Gemüsefond
Saft von 1 Orange
½ TL Zitronenzesten
3 EL Honig
Salz
Pfeffer

→ Pilze putzen und in feine Streifen schneiden. Lauch halbieren und ebenfalls in feine Streifen schneiden. Peperoni halbieren, entkernen und klein hacken.

→ Olivenöl in einem flachen Topf erhitzen, Pilze, Lauch, Thymian und Majoran darin scharf anbraten und so lange dünsten, bis die Flüssigkeit verdampf ist.

→ Petersilie von den Stängeln zupfen und fein hacken. Pilze mit Salz, Pfeffer und reichlich Petersilie abschmecken. Parmesan reiben und mit dem Mandelmehl untermischen. Kaltstellen.

→ Backofen auf 190 °C vorheizen. Chicorée halbieren, Strunk herausschneiden. Gemüsefond mit Orangensaft aufkochen, Honig einrühren. Die Chicoréehälften mit der Schnittseite nach unten im Fond 2–3 Minuten dünsten. Salzen und pfeffern. Chicorée mit der Schnittfläche nach oben in eine Gratinform geben, dick mit der Pilzmischung bestreichen. Etwas Fond und 1 EL Olivenöl in die Form geben. Im vorgeheizten Ofen kurz überbacken.

Geschmorter Zuckerhut mit Rote-Rüben-Wedges

400 g rote Rüben (rote Bete)
Salz
Pfeffer
gemahlener Koriander
gemahlener Kreuzkümmel
4 EL Olivenöl
1 Zuckerhut (ca. 400 g, alternativ Chinakohl)
Je 1 Stängel Thymian und Majoran
100 ml Gemüsefond
1 EL Honig
Kräutersalz
Kümmelsamen (ganz oder gemahlen)
Fleur de Sel

→ Den Backofen auf 180 °C vorheizen. Rote Rüben waschen, schälen und in Spalten schneiden. Auf ein mit Backpapier ausgelegtes Backblech geben und mit Salz, Pfeffer, Koriander, Kreuzkümmel und 2 EL Olivenöl vermischen. Im Ofen ca. 30 Minuten backen.

→ Währenddessen den Zuckerhut der Länge nach vierteln. In einer Pfanne das restliche Olivenöl erhitzen und den Zuckerhut gemeinsam mit den Kräutern (am Stängel belassen) hellbraun anrösten. Gemüsefond und Honig mischen, mit Kräutersalz und Kümmel abschmecken und zum Zuckerhut geben. Zugedeckt 5–10 Minuten schmoren lassen.

TIPP

Zuckerhut ist ein Wintersalat und ähnelt äußerlich dem Chinakohl. Der Zuckerhut ist aber mit Chicorée und Radicchio verwandt. Das Blattgemüse schmeckt roh in einem gemischten Salat, aber auch gedünstet als Beilage und mit Käse gratiniert.

Scharfe Quinoabällchen in Tomatensauce

Joghurtcreme
1 Bund Bärlauch (alternativ Bärlauchpesto)
Zesten von 1 Bio-Zitrone
500 g Joghurt (3,5 % Fett)
Salz, Pfeffer
Honig (nach Geschmack)
Schnittlauch

Quinoabällchen
200 g geschrotete Quinoa
250 ml Gemüsefond
70 g Maisstärke
1 EL Tomatenmark
1 EL Harissa-Paste
Kreuzkümmel
¼ TL Zimtpulver
2 Eiweiß
Salz
Olivenöl

Tomatensauce
100 g Lauch
1 Knoblauchzehe
Olivenöl
2 EL Tomatenmark
1 EL Harissa-Paste
Kreuzkümmel
Salz, Pfeffer
250 ml Gemüsefond
2 Jungzwiebeln (Frühlingszwiebeln)

→ Für die Joghurtcreme Bärlauch in feine Streifen schneiden. Joghurt mit Zitronenzesten, Salz, Pfeffer und dem Bärlauch vermischen und eventuell mit etwas Honig abschmecken. Mit Schnittlauch bestreuen.

→ Quinoa nach Packungsangaben mit Gemüsefond aufkochen und quellen lassen. Masse auskühlen lassen und mit den restlichen Zutaten vermengen. Kleine Kugeln oder Laibchen formen und in heißem Olivenöl knusprig braten.

→ Lauch in Streifen schneiden. Knoblauch fein hacken. Lauch und Knoblauch in Olivenöl anrösten. Tomatenmark, Harissa und Gewürze dazugeben und unter ständigem Rühren noch ca. 5 Minuten weiterrösten. Mit Gemüsefond aufgießen und köcheln lassen. Würzen. Den weißen Teil von den Jungzwiebeln halbieren und im Olivenöl kurz anschmoren und warmhalten. Den grünen Teil in Ringe schneiden und zur Tomatensauce geben. Eventuell die Sauce mit dem Stabmixer aufmixen.

→ Quinoalaibchen mit Tomatensauce und Joghurtcreme servieren.

TIPP

Eidotter verwerten: Für gratinierte Dotter die Dotter in kleine mit Olivenöl ausgepinselte Auflaufformen oder Kaffeetassen geben. Mit Fleur de Sel und geschrotetem Pfeffer würzen. Zucchini raspeln und mit etwas geriebenem Parmesan vermengen. Auf den Dottern verteilen und im vorgeheizten Backofen bei 180 °C ca. 7 Minuten backen (Dotter muss fest sein!). Oder probieren Sie gebackene Avocado mit Eidotter von Seite 30/31.

Knusprige Eier-Gemüse-Laibchen mit gerösteten Pilzen

Laibchen
4 hartgekochte Eier
1 gegarte Pastinake
1 Zucchini
Salz
Pfeffer
1 Jungzwiebel (Frühlingszwiebel)
Olivenöl
je 1 EL fein gehackte Petersilie und Schnittlauch

Pilze
300 g gemischte Pilze (Champignons, Kräuterseitlinge, Pfifferlinge usw.)
2 Jungzwiebeln (Frühlingszwiebeln)
4 Scheiben Bauchspeck (gut durchzogen)
Olivenöl
2 EL Ricotta
Wildkräuter

→ Gekochte Eier pellen. Pastinake, Zucchini und hartgekochte Eier raspeln. Würzen.

→ Jungzwiebel in feine Streifen schneiden und in etwas Olivenöl leicht anrösten. Mit Petersilie und Schnittlauch zur Eiermasse gehen und gut durchkneten. Laibchen formen und in einer beschichteten Pfanne mit etwas Olivenöl beidseitig knusprig braten. Warmstellen.

→ Pilze putzen und in Scheiben schneiden. Jungzwiebel und Speck in feine Streifen schneiden.

→ Frühlingszwiebel und Speck in etwas Olivenöl anrösten. Sobald der Speck etwas Farbe bekommt, die Pilze dazugeben und rösten lassen. Zum Schluss Ricotta dazugeben und gut verrühren.

→ Laibchen mit Pilzen und Wildkräutern servieren.

Kaninchenfilet mit warmem Romanasalat und Minzdressing

Kaninchen
2 Kaninchenfilets (küchenfertig)
Salz
Pfeffer
4 Scheiben Speck
1 EL Olivenöl
1–2 Stängel frischer Majoran
1 Zweig Rosmarin

Romanasalat
2 Romanasalatherzen
Salz
Pfeffer
Kümmelsamen (nach Geschmack zerstoßen)
Olivenöl
Gemüsefond
100 g Schafkäse
80 g Minze
1 EL Amarant

→ Kaninchenfilets würzen, zurückhaltend salzen und pfeffern, mit Speck umwickeln. In einer heißen Pfanne mit etwas Olivenöl und den Kräuterzweigen rundum knusprig braten. Warmstellen.

→ Romanasalat halbieren, würzen und in der Pfanne auf der Schnittseite goldgelb braten. Umdrehen und mit Olivenöl beträufeln. Schafkäse klein würfelig schneiden und den Salat damit bedecken. Mit etwas Gemüsefond aufgießen und zugedeckt kurz ziehen lassen.

→ Minzblätter klein schneiden und mit Olivenöl, Salz, frisch gemahlenem Pfeffer und Amarant cremig aufmixen.

TIPP

Die Minzstiele können Sie für den Tee verwenden. In der orangen Phase können Sie den Salat mit 1 EL Sauerrahm verfeinern.

Cremige Kohlrabispaghetti mit Wolfsbarsch

Spaghetti
2 mittelgroße Kohlrabi
Salz
1 Jungzwiebel (Frühlingszwiebel)
Olivenöl
½ grüner Apfel
weißer Pfeffer
2 EL Ricotta

Wolfsbarsch
2 kleinere Wolfsbarschfilets (küchenfertig)
Olivenöl
je 1 Zweig Thymian und Rosmarin
Salz
Pfeffer
etwas Zitronensaft

Anrichten
Cocktailtomaten
Kresse, Brunnen- oder Kapuzinerkresse
Kapernbeeren
Ricotta

→ Kohlrabi schälen und mit Hilfe eines Spiralschneiders in Spaghetti schneiden. Im Salzwasser blanchieren. Abseihen und etwas Kochwasser zur Seite geben.

→ Jungzwiebel in feine Ringe schneiden und im heißen Olivenöl glasig anbraten. Apfel entkernen und mit der Schale reiben. Apfel und etwas Kochwasser zu den Jungzwiebeln geben und gut verrühren, mit Salz und Pfeffer abschmecken. Sauce auf den noch warmen Kohlrabispaghetti mit einer Gabel durchziehen. Zum Schluss den Ricotta locker unterheben.

→ Fischfilets halbieren, trockentupfen, mit Salz, Pfeffer, Zitronensaft würzen und mit Olivenöl einreiben. Eine Pfanne erhitzen, ein Backpapier einlegen und die Filets darauf auf der Hautseite knusprig braten. Thymian- und Rosmarinzweig dazugeben und den Fisch kurz wenden (Fisch sollte innen noch glasig sein), salzen und pfeffern.

→ Spaghetti auf vorgewärmten tiefen Tellern anrichten, Filets darauf setzen und mit Tomaten, Ricotta, Kapernbeeren und Kresse garnieren.

Gebeiztes Saiblingsfilet mit fruchtigem Thai-Salat

2 Saiblingsfilets (à 160 g)
Petersilie
Kerbel
Salz
weißer Pfeffer
Zitronensaft
1 Karotte
1 gelbe Rübe (gelbe Karotte)
1 kleiner Apfel
¼ Salatgurke
¼ Papaya (alternativ ½ Mango)
150 g Glasnudeln
1 Knoblauchzehe
1 kleine Chilischote
1 cm Ingwer
1 TL schwarzer Sesam
2 EL Erdnuss- oder Olivenöl
6 cl weißer Balsamico
1 EL Honig

Anrichten
Radieschen
Thai-Kresse
frittierte Glasnudeln

→ Saiblingsfilet waschen und trockentupfen, Petersilie und Kerbel von den Stängeln zupfen und klein schneiden. Saiblingsfilets auf einen Teller geben, mit Salz, Pfeffer und Zitronensaft würzen und mit den Kräutern belegen. Mit Klarsichtfolie bedecken und kaltstellen.

→ Karotte und gelbe Rübe waschen und putzen, ggf. schälen und in Julienne schneiden. Dafür zunächst mit der Aufschnittmaschine oder mit einem Sparschäler dünne Scheiben schneiden, dann mit einem Messer dünne Längsstreifen schneiden. Julienne in kochendem Wasser kurz blanchieren, abseihen, Gemüsewasser auffangen und beiseitestellen.

→ Apfel schälen und entkernen. Gurke und Papaya waschen und entkernen. Apfel, Gurke und Papaya ebenfalls in dünne Streifen (Julienne) schneiden. Obst- und blanchierte Gemüsestreifen in eine Schüssel geben und beiseitestellen.

→ Glasnudeln mit 150 ml heißem Wasser übergießen, 3–4 Minuten ziehen lassen, dann abgießen (Packungsangabe beachten).

→ Knoblauchzehe häuten und klein hacken, Chili waschen, putzen, entkernen und klein schneiden. Ingwer schälen und fein würfeln.

→ Schwarzen Sesam in einem Topf ohne Fett rösten, Erdnussöl, Knoblauch, Ingwer und Chili dazugeben, kurz durchrösten, dann etwas aufgefangenes Gemüsewasser (100–120 ml) und Essig aufgießen.

- Mit Honig, Salz und Pfeffer abschmecken und leicht köcheln lassen. Glasnudeln, Gemüse- und Obststreifen mit der heißen Marinade übergießen, gut vermischen und kaltstellen.
- Saiblingsfilets in feine Tranchen schneiden und auf dem Gemüsesalat anrichten. Eventuell mit Koriander garnieren.

Brokkoli-Jungzwiebel-Schaumsuppe mit gegrillten Jakobsmuscheln

3 Jungzwiebeln (Frühlingszwiebeln)
300 g Brokkoli
2 EL Olivenöl
Salz
Pfeffer
gemahlener Kreuzkümmel
200 ml Kokosmilch
400 ml Gemüsefond
6 große ausgelöste Jakobsmuscheln
Olivenöl
Meersalz
weißer Pfeffer
Zitronenzesten
1 Handvoll Babyspinat
1 TL fein gehackte Zitronenthymianblätter

→ Jungzwiebeln halbieren und in feine Streifen schneiden. Brokkoli in kleine Röschen teilen. Gemüse mit den Gewürzen in Olivenöl anrösten (Kreuzkümmel sparsam verwenden). Kokosmilch und Gemüsefond aufgießen und auf kleiner Flamme köcheln lassen, bis das Gemüse weich ist. Mit dem Stabmixer pürieren und Suppe durch ein feines Sieb streichen.

→ Jakobsmuscheln mit Olivenöl, Salz, Pfeffer und Zitronenzesten einreiben. Pfanne erhitzen und die Muscheln darin 4–5 Minuten braten, bis sie von beiden Seiten goldbraun und an den Rändern leicht karamellisiert sind. Babyspinat dazugeben und nur ganz kurz erwärmen.

→ Suppe nochmals aufschäumen und mit Jakobsmuscheln, Babyspinat und etwas Zitronenthymian servieren.

Fruchtiges Curry mit grünen Bohnen und Kaisergranat

300 g Kaisergranat (alternativ Riesengarnelen)
Salz
Pfeffer
1 Zweig Thymian
Olivenöl
100 g Lauch
½ Zucchini
1 grüner Spitzpaprika
1 Mango
200 ml Kokosmilch
½ Chilischote
Zitronengras
1 cm Ingwer
1 TL Currypulver
Salz
Pfeffer

→ Von Kaisergranaten Schale und Darm entfernen. Salzen und pfeffern und mit dem Thymian in Olivenöl schön braten, dann direkt aus der Pfanne nehmen und in Folie gewickelt warmstellen.

→ Lauch in Streifen, Zucchini, Paprika und Mango in Würfel schneiden. Chili, Zitronengras und Ingwer sehr fein hacken. Gewürze im heißen Kaisergranatfett kurz rösten. Gemüse dazugeben und hellbraun braten. Mango zugeben und kurz mitbraten, mit Currypulver bestäuben, dann Kokosmilch und das Gemüse leicht knackig garen.

→ Kaisergranat auf dem heißen Curry servieren.

Gekochter Tafelspitz, Cremekohlrabi, Gemüse und Birne

Tafelspitz
500 g Tafelspitz
2 Schalotten
3 Wacholderbeeren
1 l Gemüsefond
Pfefferkörner
Liebstöckel

Julienne
50 g Karotten
50 g Sellerie
50 g gelbe Rüben
Salz

Kohlrabi
200 g Kohlrabi
50 g Lauch
Olivenöl
50–100 ml Gemüsefond
Salz
Pfeffer
Muskatnuss
2 EL Ricotta
1 EL fein gehackte Petersilie

Anrichten
Baby Leaf, Mangold oder Jungspinat
Birne in feinen Spalten

→ Tafelspitz ganz klassisch im Gemüsefond etwa 40– 50 Minuten weichgaren (sieden nicht kochen).

→ Tafelspitz aus der Suppe nehmen. Suppe abseihen, erkalten lassen und für die grüne Phase einfrieren.

→ Für das Gemüse Karotten, Sellerie, gelbe Rübe zuerst mit der Aufschnittmaschine in Streifen, dann mit einem scharfen Messer in feine Julienne schneiden. In etwas gesalzenem Wasser kurz blanchieren.

→ Kohlrabi in kleine Würfel schneiden. Lauch in feine Streifen schneiden. Gemüse in etwas Olivenöl anrösten und mit Gemüsefond aufkochen und weichdünsten. Würzen und mit Ricotta und mit Petersilie verfeinern.

→ Von der Birne hauchdünne Scheiben schneiden.

→ Baby Leaf oder Mangold auf Teller geben, eine Scheibe Tafelspitz aufsetzen, Kohlrabi auf das Fleisch geben, Julienne und Birnen darauf anrichten.

Gerolltes Putenschnitzel mit Fenchel-Spinat-Strudel

Putenschnitzel
2 Putenschnitzel (à ca. 120 g)
Salz
Pfeffer
Currypulver
100 g Lauch
4 Scheiben Schinkenspeck
Olivenöl
Gemüsefond
Koriander und Schnittlauch nach Geschmack

Strudel
200 g Fenchel
200 g Babyspinat
Salz
Pfeffer
Muskatnuss
Thymian
1 Ei
2 EL Ricotta
Olivenöl
1 Pck. Filoteig aus dem Kühlregal

Gurkendip
½ Salatgurke
1 Avocado
1 EL Joghurt (3,5 % Fett)
Salz
Pfeffer
Zitronensaft

→ Putenschnitzel trockentupfen, klopfen und mit den Gewürzen einreiben. Lauch in feine Streifen schneiden und in etwas Olivenöl glasig anbraten.

→ 2 Schinkenspeckstreifen mit der Hälfte des Lauchs auf ein Schnitzel verteilen, fest einrollen und mit einem Holzspieß oder Zahnstocher fixieren. Das zweite Schnitzel ebenso vorbereiten.

→ Putenröllchen in Olivenöl rundum goldbraun anbraten. Mit etwas Gemüsefond aufgießen und auf kleiner Flamme oder im Ofen fertig garen. Mit Koriander oder Schnittlauch verfeinern.

→ Backofen auf 180 °C vorheizen. Fenchel in Streifen schneiden und in etwas Salzwasser weichkochen, abseihen. Spinat und Fenchel in Olivenöl kurz anrösten, würzen, abkühlen lassen.

→ Ei und Ricotta mit dem abgekühlten Gemüse vermengen. Filoteig ausbreiten, dünn mit Olivenöl einpinseln, Spinatmasse auf dem unteren Drittel Teig verteilen, Seiten einschlagen und aufrollen. Im Ofen in ca. 20 Minuten goldgelb backen.

→ Für den Dip die Salatgurke schälen, in kleine Würfel schneiden. Fruchtfleisch der Avocado fein würfeln oder zerdrücken. Sämtliche Zutaten gut vermengen, mit Salz und Pfeffer abschmecken.

Lammfilet auf Auberginencreme

Auberginencreme
1 mittelgroße Aubergine
Olivenöl
Saft und Zesten von ½ Bio-Zitrone
Salz
Pfeffer

Auberginenturm
4 gebratene Auberginenscheiben
2 Tomatenscheiben
Olivenöl
2 El geriebener Parmesan

Lammrücken
400 g Lammrücken (ausgelöst)
je 1 TL fein gehackter Oregano, Thymian, Basilikum
2 EL Olivenöl
Salz
Pfeffer
1 Zweig Rosmarin

Anrichten
Kresse
Tomaten-Paprika-Confit
gebratener grüner Spargel

→ Das Backrohr auf 180 °C vorheizen. Die Auberginen halbieren, die Schnittflächen einölen und auf ein mit Backpapier belegtes Backblech geben. Aubergine ca. 35–40 Minuten backen.

→ Aubergine aushöhlen und mit einer Gabel zerkleinern, mit Zitronensaft beträufeln und mit Zitronenzesten, Salz und Pfeffer würzen. Mit etwas Olivenöl verfeinern.

→ Für den Turm den Backofen auf 150 °C vorheizen. Die Auberginen- und Tomatenscheiben kurz in Olivenöl anbraten. Einen Turm stapeln: Aubergine – Parmesan – Tomate – Parmesan – Aubergine. Im Ofen 10 Minuten fertig garen.

→ Für den Lammrücken die gehackten Kräuter, Olivenöl, Salz und Pfeffer gut verrühren. Den Lammrücken damit gut einreiben.

→ Grillpfanne erhitzen und das marinierte Lamm mit dem Rosmarinzweig auf jeder Seite ca. 4 Minuten grillen. Dann in Scheiben schneiden und mit Fleur de Sel würzen. Auf das Auberginenpüree setzen. Den Turm dazugeben, mit etwas Parmesan und Kresse bestreuen und mit Tomaten-Paprika-Confit und Spargel servieren.

TIPP

In der grünen Phase können Sie noch 1 gehackte Knoblauchzehe und 1 EL Sesampaste (Tahin) zur Auberginencreme geben, außerdem 2 Knoblauchzehen zum Lamm.

Hühnchen mit Liebstöckelpesto, Bohnen und Apfel

Für 4 Personen

Liebstöckelpesto
100 g gemischte Kräuter (Liebstöckel, Petersilie, Minze, Kerbel, Schnittlauch, Majoran)
2 EL gehackte geschälte Mandeln
2 EL Olivenöl
2 EL frisch geriebener Parmesan
Salz
Pfeffer

Hühnchen
4 Hühnerbrustfilets
Olivenöl
Zitronenverbene oder Zitronenthymian

Bohnen-Apfel-Gemüse
500 g Butter- oder Stangenbohnen
Salz
Olivenöl
Thymian
Rosmarin
1 Golden Delicious

Anrichten
junge Mangoldblätter
Kokosmilch (erwärmt und geschäumt)

→ Für das Pesto die Kräuter von den Stängeln zupfen und mit den restlichen Zutaten im Mixer fein pürieren. Eventuell mit etwas Mineralwasser verdünnen.

→ Hühnerfilets waschen, trockentupfen und mit dem Pesto einreiben. Mindestens 30 Minuten marinieren lassen.

→ Bohnen putzen und in Stücke schneiden. Im Salzwasser bissfest kochen und abseihen.

→ Olivenöl erhitzen, Kräuter dazugeben und kurz aufschäumen. In kleine Würfel geschnittenen Apfel darin anbraten und zum Schluss die Bohnen dazugeben.

→ Olivenöl in der Pfanne erhitzen, die marinierten Hühnerfilets darin scharf anbraten mit klein geschnittener Zitronenverbene verfeinern und fertig garen.

Kalbsbutterschnitzel, gefüllte Champignons und Basilikumpesto

Basilikumpesto
1 Bund Basilikum
50 g Grana Padano
Petersilie
50 g Pinienkerne
125 ml Olivenöl

Kalbsbutterschnitzel
1 Schalotte
Olivenöl
1 EL fein gehackter Majoran
1 EL fein gehackte Petersilie
Muskatnuss
Salz
Pfeffer
300 g faschierte Kalbsschulter (Kalbshackfleisch aus der Schulter)
2 Eier
100 g altbackenes Roggenbrot (gerieben)

Champignons
2 große Champignons
1 Schalotte
Petersilie
1 Knoblauchzehe
Olivenöl
2 dünne Zucchinischeiben
2 Scheiben Bauchspeck
Salz
Pfeffer
2 Scheiben Goudakäse

→ Für das Pesto Basilikum von den Stängeln zupfen, Grana Padano reiben und mit den restlichen Zutaten im Standmixer aufmixen und in pasteurisierte Gläser umfüllen.

→ Für das Kalbsbutterschnitzel Schalotten klein schneiden und in etwas Olivenöl anbraten, die Kräuter und Gewürze dazugeben und kurz anrösten. Faschiertes, Eier, Brot und Schalottenmischung gut verkneten.

→ Backofen auf 120 °C vorheizen. Champignons putzen und den Strunk entfernen. Schalotte klein schneiden, Petersilie, Champignonstrunk und Knoblauch fein hacken. Die Zucchinischeiben in etwas Olivenöl glasig anbraten, dann herausnehmen. Schalotte, Knoblauch und Champignonstrunk hineingeben und anbraten, auskühlen lassen. Salzen und pfeffern.

→ Schalottenmischung in die Champignons einfüllen. Je eine Zucchini- und Käsescheibe auf eine Speckscheibe legen und fest einrollen. Rolle aufrecht in die Champignonköpfe geben und im Ofen ca. 10–15 Minuten garen lassen.

→ Währenddessen aus dem Faschierten Laibchen formen und in einer beschichteten Pfanne mit etwas Olivenöl beidseitig braten. Warmhalten.

Rhabarber-Apfel-Ragout mit Granola

Granola
50 g Butter
2 EL Olivenöl
100 g Honig
Zimtpulver
gemahlener Kardamom
Orangenzesten
1 Prise Salz
3 Datteln
100 g gehobelte Mandeln
200 g Haferflocken

Ragout
2 Äpfel
300 g Rhabarber
2 EL Butter
100 g Honig
gemahlene Vanille
1 Prise Zimtpulver
1 EL Stärke (wenn nötig)

→ Den Backofen auf 180 °C vorheizen. Butter, Olivenöl, Honig und Gewürze in einer Pfanne erhitzen, bis sich der Honig komplett aufgelöst hat. Datteln entkernen und in kleine Würfel schneiden. Honig-Butter-Mischung vom Herd nehmen, Datteln, Mandeln und Haferflocken zügig unterrühren.

→ Auf ein mit Backpapier ausgelegtes Backbleck dünn verteilen und im Ofen goldbraun backen. Nach ca. 5 Minuten Backzeit das Granola wenden. Vollkommen auskühlen lassen und nach Belieben zerkleinern.

→ Rhabarber und Äpfel schälen. Rhabarber in ca. 2 cm lange Stücke schneiden. Äpfel vierteln, entkernen und würfeln. Butter und Honig in einem Topf erhitzen. Sobald sich der Honig aufgelöst hat, die restlichen Zutaten dazugeben, gut umrühren und dünsten lassen. Wenn nötig mit etwas Stärke binden.

→ Ragout in schöne Gläser füllen und mit Granola bestreuen.

TIPP

Granola in einem schönen Glas aufbewahren.

Grüne Phase

Gute-Laune-Salat

Aprikosen
250 ml Weißweinessig
100 g Zucker
1 Lorbeerblatt
schwarze Pfefferkörner
Chilischote
90 g getrocknete Aprikosen

Dressing
½ Apfel
Saft und Zesten von 1 Bio-Zitrone
Salz
Pfeffer
Dijonsenf
Olivenöl
Salz
Pfeffer

Salat
2 Fenchel
Fleur de Sel
Minzblätter
6 Cherrytomaten
10 entsteinte Kalamata-Oliven
1 Handvoll Rucola
Mandelblättchen (nach Geschmack)
gehobelter Parmesan (nach Geschmack)

→ Für die Aprikosen Essig, 250 ml Wasser, Zucker, Lorbeer, Pfeffer und Chili aufkochen lassen, bis sich der Zucker aufgelöst hat. Aprikosen hineinlegen, abdecken und gekühlt mindestens ½ Tag ziehen lassen.

→ Für das Dressing den Apfel schälen und fein reiben, mit den restlichen Zutaten pürieren. Eventuell durch ein feines Sieb gießen.

→ Fenchel mit der Aufschnittmaschine in feine Streifen schneiden. Etwas salzen, etwas Dressing dazugeben und kurz durchkneten, damit der Fenchel weicher wird. Minzblätter, die eingelegten Aprikosen und die Oliven in Streifen schneiden. Tomaten vierteln und alle Salatzutaten zum Fenchel geben. Das restliche Dressing gut untermengen. Zum Schluss, nach Geschmack, mit Mandeln und Parmesan bestreuen.

TIPP

Die eingelegten Aprikosen in schöne Einmachgläser füllen und einkochen. Eignen sich hervorragend zum raffinierten Verfeinern von Braten und Saucen.

Eierschwammerltatar mit Schweinefilet im Kräutermantel

Eierschwammerl
400 g Eierschwammerl (Pfifferlinge)
2 Scheiben Bauchspeck
1 Knoblauchzehe
1 Schalotte
2 EL Olivenöl
1 EL fein gehackte Petersilie
1 EL fein gehackter Thymian
Zitronenabrieb
Salz
Pfeffer
2 EL Ricotta

Schweinefilet
300 g Schweinefilet
Salz
Pfeffer
2 EL fein gehackte Kräuter (Petersilie, Kerbel, Estragon, Basilikum)
Olivenöl

Anrichten
1 große Kartoffel
Olivenöl

→ Kartoffel in ca. 1 cm große Würfel schneiden. Im Salzwasser bissfest kochen. Abseihen und auskühlen lassen.

→ Eierschwammerln putzen und klein würfelig schneiden. Speck, Knoblauch und Schalotte klein hacken und in Olivenöl anrösten. Schwammerln dazugeben und weiterrösten. Kräuter und etwas Zitronenabrieb dazugeben, salzen und pfeffern. Ricotta unterrühren und warmhalten.

→ Backofen auf 120 °C vorheizen. Schweinefilet ggf. zuputzen und trockentupfen. Würzen und rundum mit gehackten Kräutern bestreuen. Fest in Folie wickeln und im vorgeheizten Backofen ca. 20 Minuten bis zu einer Kerntemperatur von 62 °C garen.

→ Kartoffelwürfel in Olivenöl knusprig braten. Schwammerltatar anrichten, das portionierte Schweinefilet darauflegen und mit den Kartoffelwürfeln und einigen Schwammerln servieren.

Caprese-Millefeuille

Teig
1 Knoblauchzehe
60 g glattes Weizen- oder Dinkelmehl (alternativ Type 550)
1 Prise Zucker
Salz
1 Eiweiß
50 g zerlassene Butter
50 g fein geriebener Parmesan
gemischte fein gehackte Kräuter

Caprese
150 g Cherrytomaten
1 Jungzwiebel (Frühlingszwiebel)
Olivenöl
1 TL weißer Balsamico
Salz
Pfeffer
2 Burrata oder weicher Mozzarella

Anrichten
Kräuterblätter
Rucola
Olivenöl
Balsamico

→ Den Backofen auf 200 °C vorheizen. Knoblauch fein hacken. Alle Zutaten für den Teig (außer Kräuter) gut vermengen. Aus dem Teig auf ein mit Backpapier ausgelegtes Backblech dünne Kreise streichen und mit den gehackten Kräutern bestreuen. Im vorgeheizten Ofen goldgelb backen.

→ Cherrytomaten in Spalten, Jungzwiebel in feine Ringe schneiden. Beides in Olivenöl kurz anrösten und mit Balsamico abschmecken. Würzen. Burrata in Scheiben schneiden.

→ Teig, Tomaten mit Jungzwiebeln, Buratta und Kräuterblättern aufschichten und mit Rucola mit etwas Öl und Essig mariniert servieren.

Ricotta-Gnocchi mit geschmolzenen Tomaten

Gnocchi
250 g Ricotta
1 Eidotter
80 g frisch geriebener Parmesan
Salz
Pfeffer
80 g griffiges Weizenmehl (alternativ Type 550) zzgl. etwas zum Verarbeiten
Olivenöl

Basilikum
3–4 Basilikumblättchen
100 ml Obers (Sahne)

Tomaten
250 g Cocktailtomaten
1 Knoblauchzehe
je 1 Zweig Thymian und Rosmarin
Olivenöl
Salz
Pfeffer

→ Ricotta, Dotter und Parmesan gut verrühren. Würzen. Mehl unterrühren. Falls der Teig zu klebrig ist, noch etwas Mehl dazugeben.

→ Basilikumblätter klein schneiden und mit dem Obers aufkochen. Mit dem Stabmixer pürieren, würzen und durch ein Sieb streichen. Warmstellen.

→ In einem Topf gesalzenes Wasser zum Kochen bringen. Auf einer bemehlten Arbeitsfläche aus der Ricottamasse eine ca. 2 cm dicke Rolle formen, fingerdicke Scheiben abschneiden und direkt in das leicht kochende Wasser geben. Kochen, bis sie an die Oberfläche steigen. Topf vom Herd nehmen und die Gnocchi noch ca. 2–3 Minuten ziehen lassen.

→ Cocktailtomaten halbieren. Knoblauch fein hacken und mit den Kräuterzweigen in Olivenöl kurz anschwitzen. Tomaten dazugeben und durchschwenken.

→ Gnocchi mit dem Schaumlöffel aus dem Wasser heben. Gut abtropfen lassen. In einer Pfanne noch etwas Olivenöl erhitzen und die Gnocchi darin goldbraun anbraten.

→ Vor dem Servieren den Basilikumschaum mit dem Stabmixer aufschäumen.

Topfenblätterteig gefüllt mit Schafkäse und Ratatouille

Teig
50 g glattes Weizenmehl (alternativ Type 550)
50 g Dinkelmehl (alternativ Type 630)
100 g Butter
100 g Topfen (Quark)
Salz

Fülle
½ roter Paprika
½ Zucchini
1 Tomate
Olivenöl
1 rote Zwiebel
1 kleiner roter Apfel
6 cl Portwein
Balsamico
100 g Schafkäse
Thymian
Lavendelblüten
Salz
Pfeffer
1 Ei

Anrichten
junge Erbsenschoten
Tomatenwürfel
Joghurt
Wildkräuter
Olivenöl
Balsamico
Kresse

→ Für den Teig alle Zutaten rasch zu einem geschmeidigen Teig verarbeiten, ½ Stunde abgedeckt rasten lassen.

→ Paprika in kleine Würfel schneiden. Zucchini und Tomaten in ca. ½ cm dicke Scheiben schneiden. Paprika in etwas Olivenöl anrösten, herausnehmen und beiseitestellen. Zwiebel und Apfel schälen und klein würfeln. Ebenfalls anrösten, dann mit Portwein ablöschen. Eventuell noch etwas Wasser dazugeben. Würzen und köcheln lassen, mit Balsamico verfeinern.

→ Den Backofen auf 180 °C vorheizen und den Strudel fertigstellen. Dafür den Schafkäse zerbröseln. Dann den Teig ausrollen und Kreise ausstechen. Zuerst mit Tomatenscheibe, dann mit Schafkäse belegen. Darauf Thymian und Lavendelblüten streuen. Dann mit Zucchinischeibe und Paprikawürfel belegen. Einen Teigkreis auflegen und die Ränder festdrücken. Mit verquirltem Ei bestreichen und die kleinen Strudel goldgelb backen.

→ Erbsenschoten in Streifen schneiden und in etwas Olivenöl anbraten. Tomaten mit Joghurt vermengen und abschmecken. Wildkräuter mit Olivenöl und Balsamico marinieren. Strudel mit Wildkräutern, Zwiebel-Apfel-Confit, Joghurtdip und Erbsenschoten servieren.

Karfiolmuffins und Bärlauch-Käse-Dip

Muffins
200 g Karfiol (Blumenkohl)
100 ml Gemüsefond
1 EL Butter
Pfeffer
Muskatnuss
Kümmel
125 g Obers (Sahne)
2 Eier
40 g Mehl oder Maisstärke
Salz

Dip
½ Bund Bärlauch
100 g frisch geriebener Gouda
100 g Frischkäse
50 g Sauerrahm
Salz
weißer Pfeffer
weißer Balsamico

Außerdem
zerlassene Butter zum Einfetten

Anrichten
Gurkenstreifen
geröstete Blumenkohlröschen

→ Muffinformen mit etwas zerlassener Butter ausstreichen. Backofen auf 190 °C vorheizen.

→ Karfiol in kleine Röschen teilen. Mit Gemüsefond, Butter und Gewürzen weichkochen. Obers dazugeben und mit dem Stabmixer fein pürieren. Eier aufschlagen und gemeinsam mit dem Mehl unter das Püree heben.

→ Masse in gefettete Formen geben und im Ofen ca. 15–20 Minuten (je nach Größe der Formen) goldgelb backen.

→ Für den Dip den Bärlauch waschen und fein schneiden. Mit restlichen Zutaten vermengen und würzen.

TIPP

Muffins sind auch eine sehr gute Beilage zu Hühnchengerichten oder Boeuf Stroganoff.

Gerstlrisotto mit Steinpilzen

3 mittelgroße Steinpilze
50 g Lauch
Olivenöl
gemahlene getrocknete Pilze (nach Geschmack)
Salz
Pfeffer
100 g Rollgerste
50 ml trockener Weißwein
300 ml warmer Gemüsefond
3 EL Crème fraîche
40 g frisch geriebener Parmesan
Schnittlauch

→ Steinpilze putzen, Lauch längs halbieren und in feine Streifen und 2 Steinpilze in kleine Würfel schneiden.

→ Olivenöl im Topf erhitzen, Lauch und Pilze darin glasig anrösten. Mit Pilzpulver, Salz und Pfeffer würzen. Rollgerste dazugeben und kurz durchrösten. Mit Wein und Gemüsefond aufgießen. Unter regelmäßigem Rühren köcheln lassen. Eventuell noch etwas Wasser dazugeben.

→ In der Zwischenzeit den restlichen Steinpilz in 3 mm dicke Scheiben schneiden. Mit Salz, Pfeffer und gemahlenen Pilzen würzen und in einer Pfanne mit etwas Olivenöl hellgelb braten.

→ Risotto mit Crème fraîche und Parmesan verfeinern und auf vorgewärmten Tellern anrichten. Mit Pilzen und Schnittlauch garnieren.

Safranrisotto mit Zucchini und Zucchiniblüten

1 Briefchen Safranfäden
Salz
400 ml warmer Hühner- oder Gemüsefond
1 Fenchel
2 Jungzwiebeln (Frühlingszwiebeln)
1 Knoblauchzehe
Olivenöl
200 g Risottoreis
4 Mini-Zucchini oder 1 kleine Zucchini
4 Zucchiniblüten
gemischte Kräuter (Majoran, Thymian, Oregano)
3 EL frisch geriebener Parmesan

Anrichten
gehobelter Parmesan

→ Den Safran mit einer kräftigen Prise Salz in einem Mörser zermahlen, dann in etwas erwärmtem Fond auflösen.

→ Fenchel fein würfelig schneiden. Jungzwiebeln in feine Steifen schneiden und die Knoblauchzehe fein hacken. Olivenöl im Topf erhitzen und das Gemüse darin anschwitzen. Den Reis dazugeben und kurz mitrösten. Zuerst mit dem Safranfond, dann mit der Hälfte vom Fond aufgießen und leicht köcheln lassen. Immer wieder umrühren und Fond nachgießen, würzen.

→ Mini-Zucchini der Länge nach halbieren oder die größere Zucchini in Scheiben schneiden, die Blüten der Länge nach teilen.

→ In einer Pfanne Olivenöl erhitzen und die Zucchini kräftig anbraten. Salzen und die Kräuter dazugeben. Nach ca. 5 Minuten die Zucchiniblüten in die Pfanne geben und mit etwas Fond aufgießen.

→ Risotto kurz vor Ende der Garzeit, nach ca. 15 Minuten, mit etwas vom verbliebenen Fond und dem Parmesan verrühren, damit das Risotto schön cremig wird.

→ Risotto auf vorgewärmten tieferen Tellern anrichten und die Zucchinihälften bzw. -scheiben und Zucchiniblüten darauf verteilen. Mit gehobeltem Parmesan bestreuen.

Lachsfilet mit Quinoa, Paprika-Kokos-Gemüse

Quinoa
1 Lorbeerblatt
1 Prise gemahlener Kardamom
1 Msp. Currypulver
Olivenöl
180 g Quinoa
250 ml Gemüsefond
Salz
Zitronengras
Thai-Basilikum

Gemüse
½ grüner Paprika
½ gelber Paprika
je 2 grüne und schwarze Oliven
½ Chilischote
½ TL fein gehackter Ingwer
1 Zweig Thymian
Olivenöl
200 ml Kokosmilch
80 g Erbsenschoten

Lachs
2 Lachsfilets
Salz
Pfeffer
Olivenöl
Zitronensaft und -zesten

→ Lorbeer im Mörser zerstoßen, sämtliche Gewürze in etwas Olivenöl anrösten, Quinoa dazugeben, kurz durchrühren und mit Gemüsefond aufgießen. 10 Minuten köcheln lassen. Zugedeckt 15 Minuten ziehen lassen. Etwas Olivenöl dazugeben und locker durchrühren.

→ Paprika und Oliven in kleine Würfel schneiden und mit Thymian, Chili und Ingwer in einem Topf in Olivenöl gut anrösten. 2 EL Gemüse beiseitestellen. Rest mit Kokosmilch aufgießen und köcheln lassen. Die Erbsenschoten in feine Streifen schneiden und zur Kokosmilch geben.

→ Lachsfilet trockentupfen, Haut entfernen und würzen. In einer beschichteten Pfanne Olivenöl erhitzen und das Lachsfilet beidseitig braten. Lachs sollte innen noch leicht glasig sein. Mit Zitronensaft würzen. Dann mit dem entnommenen Paprika bedecken und warmhalten. Mit Zitronenzesten bestreuen.

Räucherforelle mit Radieschen und Apfel

1 Bund Radieschen
1 EL Honigsenf
Zitronensaft
2 mittelgroße Räucherforellenfilets
1 Schalotte
1 Knoblauch
Salz
Olivenöl
1 Zweig Majoran
100 g Obers (Sahne)
Salz
weißer Pfeffer
Muskatnuss
2 EL Sauerrahm
1 EL Senf
2 Äpfel
1 EL Rohzucker
50 ml Tonicwater

Anrichten
Forellenkaviar
rote Kresse

→ Radieschen in feine Scheiben schneiden und in Eiswasser legen. Honigsenf mit Zitronensaft und etwas Eiswasser verrühren. Zur Seite geben.

→ Forellenfilets zuputzen und in 4–5 cm große Stücke schneiden, die Abschnitte beiseitegeben. Filetstücke mit Folie bedecken und warmstellen. Knoblauch und Schalotte klein schneiden und mit dem Majoran in Olivenöl anrösten. Beiseitegegebene Forellenabschnitte dazugeben und kurz durchrösten, mit Obers aufgießen und kurz köcheln lassen. Mit Salz, Pfeffer und Muskat würzen. Aufmixen.

→ Sauerrahm mit Senf verrühren. Forellenobers durch ein feines Sieb streichen und mit der Sauerrahmmischung aufschlagen.

→ Äpfel schälen und mit einem Parisienne-Ausstecher (Kugelausstecher) kleine Kugeln herausstechen und diese mit etwas Rohzucker in Olivenöl leicht karamellisieren. Mit Tonicwater aufgießen und sofort vom Herd nehmen. Die Apfelkugeln sollten innen noch bissfest sein.

→ Radieschenscheiben aus dem Eiswasser nehmen, mit einem Küchenpapier abtupfen und mit der Honigmischung marinieren.

→ Lauwarmen Forellenobers auf warmen tiefen Tellern anrichten, mit den Forellenfiletstücken belegen und die Apfelkugeln dazugeben. Mit Forellenkaviar und Kresse garnieren.

Boeuf Stroganoff mit Kartoffel-Zucchini-Gratin

Boeuf
400 g Rindfleisch (Hüfte oder Filet)
80 g Jungzwiebel (Frühlingszwiebeln)
100 g roter Paprika
100 g Champignons
2 EL Olivenöl
1 EL Tomatenmark
1 TL milder Senf
100 ml Chardonnay
100 ml Gemüsefond
3 Cornichons (oder kleine Gewürzgurken)
Salz, Pfeffer

Gratin
Olivenöl
1 große Kartoffel
1 kleine Zucchini
Salz, Pfeffer
Muskat
125 g Obers (Sahne)
80 g Parmesan

Anrichten
6 Rote-Rüben-Würfel (2 cm)
Olivenöl
Salz, Pfeffer
4 blanchierte Zucchinischeiben (längs)
feines Kartoffelpüree

→ Rindfleisch zuerst in ca. 1 cm dicke Scheiben, dann in Streifen schneiden. Jungzwiebel in Ringe, Paprika in feine Streifen schneiden. Champignons vierteln oder blättrig schneiden.

→ Olivenöl stark erhitzen und die Filetstreifen scharf anbraten. Fleisch aus der Pfanne nehmen. In die ggf. noch etwas Olivenöl geben und das Gemüse darin anbraten. Tomatenmark und Senf dazugeben und alles braun rösten. Das Fleisch zurück zum Gemüse geben Mit Chardonnay und Gemüsefond aufgießen. Würzen und etwa XX Minuten leicht köcheln lassen.

→ Für das Gratin den Backofen auf 180 °C vorheizen. In einer Muffinform zwei Mulden mit Olivenöl auspinseln. Kartoffel schälen. Kartoffel und Zucchini in dünne Streifen (ca. 2 mm) schneiden.

→ Die Hälfte der Zucchinischeiben leicht überlappend hintereinander auslegen, mit der Hälfte der Kartoffelscheiben schuppenartig belegen. Würzen und fest einrollen. Mit den restlichen Scheiben ebenso verfahren. In die Muffinformen geben. Obers und Parmesan vermengen. Masse über die Kartoffel-Zucchini-Rosette gießen und im Ofen ca. 20 Minuten goldgelb backen.

→ Rote-Rüben-Würfel vor dem Anrichten in etwas Olivenöl rundum anbraten und mit Salz und Pfeffer würzen. Das Boeuf mit Gratin, Rote-Rüben-Würfeln, aufgerollten Zucchinischeiben und etwas Kartoffelpüree anrichten.

TIPP

Das Püree kann auch mit klein geschnittenem Schnittlauch und 1 TL Crème fraîche verfeinert werden.

Piccata vom Zander mit Tomaten und schwarzen Linguini

Gemüse
2 Pak Choi
1 Handvoll Cocktailtomaten
1 EL Olivenöl
1 Knoblauchzehe
Salz
Pfeffer
1 kleine Prise gemahlener Kardamom
1 TL roter Balsamico

Linguini
150 g schwarze Linguini
50 g Lauch
Olivenöl
1 EL Crème fraîche
Zesten von 1 Bio-Zitrone
Thymian

Piccata
250 g Zander ohne Haut
Salz
Pfeffer
2 Eier
2 EL frisch geriebener Parmesan
2 EL glattes Dinkelmehl (alternativ Type 650)
Schnittlauch

Anrichten
geriebener Parmesan
Kresse

→ Pak-Choi-Blätter und halbierte Cocktailtomaten in Olivenöl anrösten. Knoblauch fein hacken, dazugeben, kurz mitrösten. Salzen, pfeffern und mit Kardamom und Balsamico würzen.

→ Linguini in Salzwasser al dente kochen. Abseihen, etwas Kochwasser auffangen. Lauch fein schneiden und in Olivenöl glasig anrösten. Mit Crème fraîche, Zitronenzesten und Thymian verfeinern. Etwas Kochwasser dazugeben und mit den Linguini gut vermischen. Warmstellen.

→ Zanderfilet trockentupfen und würzen. Ei verquirlen und mit dem Parmesan und dem Schnittlauch vermengen. Fisch mehlieren und durch die Eimischung ziehen. In Olivenöl beidseitig goldgelb braten. Mit Parmesan und Kresse garnieren.

Entenkeulen aus dem Ofen mit Schmorgemüse

Entenkeule
2 Entenkeulen
Salz
geschroteter oder grob gemahlener Pfeffer
2 Knoblauchzehen
Petersilie
Thymian
Salbei
100 g Lauch
2 Fenchel
1 Apfel
Olivenöl
250 ml Gemüsefond
6 schwarze Oliven
6 grüne Oliven

Gemüse
1 mittelgroße Pastinake
6 kleine Kartoffeln
1 EL Olivenöl
Rosmarin
Thymian
Salz

Anrichten
Rosmarin
Thymian

→ Backofen auf 200 °C vorheizen. Entenkeulen waschen und trockentupfen, mit Salz und Pfeffer einreiben. Knoblauchzehe mit der Schale zerdrücken. Lauch und Fenchel in Streifen schneiden. Apfel entkernen und mit der Schale in kleine Würfel schneiden.

→ Olivenöl in einer Kasserole erhitzen und die Entenkeulen rundum scharf anbraten. Knoblauch, Kräuter, Gemüse und Apfel dazugeben und kurz weiterrösten. Gemüsefond aufgießen und Oliven dazugeben. Im Ofen zunächst mit Deckel 15 Minuten schmoren lassen, dann ohne Deckel ca. 15–20 Minuten garen, bis sich das Fleisch um den Knochen löst. Immer wieder etwas Fond dazugeben.

→ In der Zwischenzeit die Pastinaken schälen und im Salzwasser blanchieren. Aus dem Wasser nehmen und in Würfel schneiden. Kartoffel kochen, auskühlen lassen und pellen. Kartoffel halbieren.

→ In einer Pfanne Olivenöl erhitzen, Kartoffel und Pastinaken darin goldgelb anbraten und würzen. Warmstellen.

→ Entenkeulen aus dem Sud nehmen, Knoblauch entfernen und den Rest vom Fond durch ein Sieb streichen.

→ Keulen mit etwas Olivenöl bestreichen und in der heißen Pfanne auf der Hautseite knusprig braten.

→ Gemeinsam mit dem Gemüse, der Sauce und frischen Kräutern anrichten.

Schweinebäckchen auf Pastinakenpüree mit Rote-Rüben-Wedges

Schweinebäckchen
1 rote Zwiebel
1 Karotte
50 g Sellerie
50 g Lauch
4 Schweinebäckchen (zugeputzt)
Salz
Pfeffer
1 EL Senf
Olivenöl
1 EL Tomatenmark
4 getrocknete Tomaten
je 1 Zweig Thymian und Majoran
4 Wacholderbeeren
1 Lorbeerblatt
50 ml Rotwein
500 ml Gemüsefond

Pastinakenpüree
200 g Pastinaken
250 g Obers (Sahne)
Salz
Pfeffer
Muskatnuss

Rote-Rüben-Wedges
1 gekochte rote Rübe (Rote Bete)
Olivenöl
1 Msp. frisch gehackter Thymian
Salz

→ Zwiebel und Gemüse in kleine Würfel schneiden. Die Bäckchen pfeffern, salzen und mit Senf einreiben. Olivenöl im Topf erhitzen und die Bäckchen von beiden Seiten scharf anbraten. Aus dem Topf nehmen, in Folie wickeln und warmhalten.

→ Im Bratenrückstand das Gemüse anrösten. Noch etwas Olivenöl dazugeben. Wenn das Gemüse leicht Farbe annimmt, das Tomatenmark dazugeben und gut durchrösten. Getrocknete Tomaten klein schneiden und mit den Gewürzen zugeben. Mit etwas Rotwein und Gemüsefond aufgießen. Das Fleisch wieder dazugeben und zugedeckt auf kleiner Flamme 1 Stunde schmoren lassen.

→ Zum Schluss das Fleisch aus dem Sud nehmen, Sud durch ein Sieb passieren und das Fleisch wieder zurückgeben.

→ Pastinaken in Würfel schneiden. In etwas Olivenöl anrösten mit Obers aufgießen und würzen. Köcheln lassen, bis das Gemüse weich ist. Mit dem Stabmixer pürieren.

→ Rote Rübe in Wedges schneiden und in Olivenöl rundum anbraten. Würzen.

Beef Tatar mit Kräutermayonnaise und Bloody-Mary-Gelee

Beef Tatar
150 g Rinderfilet
30 g Schalotten
1 EL Olivenöl
5–6 kleine Kapernbeeren
3 kleine Essiggurken
1 EL mittelscharfer Senf
1 Msp. Paprikapulver
Salz
Pfeffer
1 Prise Zucker
eventuell 1 TL Ketchup oder Tomatenpüree

Kräutermayonnaise
2 Handvoll gemischte Kräuter (Petersilie, Basilikum, Kerbel, Estragon, Bärlauch)
½ Chilischote
2 Eidotter
1 TL Dijonsenf
Salz
1 Msp. Zitronenabrieb
1 Msp. fein geriebener Ingwer
125 ml Olivenöl

Bloody-Mary-Gelee
2 Blatt Gelatine
125 ml Tomatensaft
2 cl Wodka
Chilipulver
1 Msp. fein geriebener Ingwer
Salz
Pfeffer

Anrichten
Kapernbeeren
4 Wachteleier
essbare Blüten

→ Rindsfilet zunächst in feine Streifen schneiden, dann fein hacken, Schalotten fein hacken und in etwas Olivenöl glasig anrösten, Kapernbeeren und Essiggurkerln in feine Würfel schneiden. Alle Zutaten für das Tatar gut vermengen und kaltstellen.

→ Für die Mayo die Kräuter von den Stängeln zupfen und kurz in heißem Wasser blanchieren, anschließend in Eiswasser abschrecken. Herausnehmen, abtropfen lassen und etwas abtupfen. Chilischote sehr fein schneiden. Kräuter im Blitzhacker ganz fein pürieren. Dotter, Senf, Chili, Salz, Zitronenabrieb, Ingwer und das Kräuterpüree verrühren. Dann langsam in einem feinen Strahl das Öl einschlagen. Nachwürzen.

→ Gelatine in kaltem Wasser einweichen. Tomatensaft mit Wodka und Gewürzen aufkochen. Durch ein Haarsieb streichen und die gut ausgedrückte Gelatine im noch warmen Tomatensaft auflösen. Eine eckige Form mit Klarsichtfolie auslegen, die Mischung hineingießen und im Kühlschrank fest werden lassen. In Stücke schneiden.

→ Wachteleier hart kochen, pellen und halbieren. Kapernbeeren ebenfalls halbieren.

→ Tatar auf Teller geben, mit Mayonnaise bestreichen, halbierte Wachteleier, Blood-Mary-Gelee, Kapernbeeren und Blüten darauf anrichten.

Kalbstafelspitz mit getrüffeltem Kürbispüree

Tafelspitz
1 kg Kalbstafelspitz
1 EL Dijonsenf
Salz
Pfeffer
Majoran
2 EL Olivenöl

Kürbispüree
2 Schalotten
200 g Hokkaido
1 EL Olivenöl
250 g Obers (Sahne)
Weißwein
Salz
Pfeffer
Muskatnuss
1 EL Crème fraîche
Trüffelöl
frische Trüffel

Kerbelöl
1 Bund Kerbel
125 ml Olivenöl
Salz

Radicchio
2 kleine Radicchio
1 Apfel
Olivenöl
1 EL Butter
Salz
Pfeffer
1 Prise Zucker

→ Den Backofen auf 130 °C vorheizen. Den Kalbstafelspitz etwas zuputzen, mit Senf bestreichen, salzen und pfeffern. Das Fleisch und den Thymian in heißem Olivenöl rundum anbraten. Im Backofen 10 Minuten garen, dann die Temperatur auf 80 °C reduzieren und bis zu einer Kerntemperatur von 60 °C fertig garen. Fleisch in Alufolie wickeln und im ausgeschalteten Ofen ruhen lassen.

→ Schalotten und Kürbis klein schneiden und in etwas Olivenöl anschwitzen. Mit Obers und Weißwein ablöschen, würzen und auf kleiner Flamme weichkochen. Mixen und passieren. Crème fraîche und Trüffelöl bzw. frischen Trüffel unterrühren.

→ Für das Kerbelöl Kerbel mit den Stielen grob hacken und mit den restlichen Zutaten im Mixer oder mit dem Stabmixer mixen, dann durch ein Sieb streichen.

→ Radicchio in feine Streifen schneiden. Aus dem Apfel mit dem Kugelausstecher kleine Perlen ausstechen (alternativ mit der Schale in kleine Würfel schneiden). Radicchio mit den Apfelkugeln in Olivenöl und zerlassener Butter anbraten. Mit 1 Prise Zucker bestreuen.

→ Ca. 300–400 g des Kalbstafelspitzes aufschneiden und mit dem Püree und dem Radicchio-Gemüse servieren. Mit weiterem Trüffelöl oder Trüffel verfeinern.

TIPP

Reste vom Kalbstafelspitz können Sie auch für das Vitello Tonnato verwendet werden (Seite 44/45).

Ossobuco mit Lauchpüree und Pastinaken

Ossobuco
2 Tomaten
80 g Zwiebel
1 Knoblauchzehe
2 Scheiben Kalbsstelze (ca. 2,5 cm dick)
Salz, Pfeffer
2 Gewürznelken
3 Pimentkörner
3 Wacholderbeeren
1 Lorbeerblatt
je 1 Zweig Majoran und Thymian
250 ml Rotwein
250 ml Gemüsefond

Lauchpüree
200 g mehligkochende Kartoffeln
150 g Lauch
Olivenöl
125 ml Milch
Salz, weißer Pfeffer
Muskatnuss
etwas Butter oder Crème fraîche

Pastinaken
2 Pastinaken
Salz, Pfeffer
2 EL Olivenöl
1 Zweig Thymian
Meersalz

→ Den Backofen auf 150 °C vorheizen. Gemüse in kleine Würfel schneiden. Fleisch mit Salz und Pfeffer einreiben und in einem Bräter in heißem Olivenöl rundum scharf anbraten. Fleisch aus dem Bräter nehmen, die Gewürze, Kräuter und das Gemüse im Bratenrückstand anschmoren. Mit Rotwein und Gemüsefond aufgießen und das Fleisch in die Sauce geben. Zugedeckt im Ofen 1 Stunde schmoren lassen (alternativ auf dem Herd bei kleiner Flamme).

→ Kartoffeln schälen und würfeln, Lauch in Ringe schneiden und beides in etwas Olivenöl glasig anrösten. Milch dazugeben, würzen und gar köcheln lassen. Pürieren. Und mit etwas Butter oder Crème fraîche verfeinern.

→ Pastinaken mit dem Olivenöl, Salz und Pfeffer marinieren und mit dem Thymianzweig in eine ofenfeste Form geben. Im Ofen ebenfalls bei 150 °C ca. 20 Minuten schmoren lassen. Mit Meersalz bestreuen.

→ Ossobuco aus dem Topf nehmen. Vorsichtig vom Knochen lösen. Sauce durch ein Sieb streichen und das ausgelöste Fleisch mit der Sauce zurück in den Bräter geben. Nochmals ein paar Minuten ziehen lassen.

Kalbsbutterburger auf getrüffeltem Süßkartoffelpüree

Kalbsbutterburger
1 altbackene Semmel
60 ml Obers (Sahne)
250 g faschierte Kalbsschulter (Kalbshackfleisch aus der Schulter)
50 g Lauch
1 TL Olivenöl
1 Ei
1 TL fein gehackter Majoran
1 TL fein gehackte Petersilie
1 TL Senf
Salz
Pfeffer

Süßkartoffelpüree
300 g Süßkartoffeln
1 EL Olivenöl
100 ml Milch
100 g Obers (Sahne)
Salz
Pfeffer
Muskatnuss
1 EL Trüffelöl oder gehobelte Trüffel

Anrichten
2 Tomatenscheiben
2 Wachtelspiegeleier
2 Speckchips
Kresse
Baby-Spinat

→ Semmel entrinden und in kleine Würfel schneiden. Semmelwürfel mit dem Obers vermengen, kurz ziehen lassen und zum Fleisch geben. Lauch in sehr feine Streifen schneiden. In etwas Olivenöl anrösten und gemeinsam mit den restlichen Zutaten für den Burger zum Fleisch geben und vermischen. Die Masse salzen und pfeffern und gut durchkneten.

→ Kleine Laibchen formen und in heißem Olivenöl beidseitig goldbraun braten. Zugedeckt warmhalten.

→ Süßkartoffeln schälen und in kleine Würfel schneiden. In etwas heißem Olivenöl anbraten. Milch und Obers angießen. Würzen und köcheln lassen, bis das Gemüse weich ist. Mit dem Stabmixer pürieren und nochmals abschmecken. Püree warmstellen.

→ Mit Tomatenscheibe, etwas Baby-Spinat und Wachtelei garnieren.

Knuspriges Zitronenhühnchen mit Zucchini-Risoni

Hühnchen
1 Hühnerbrustfilet
1 große Bio-Zitrone
½ Chilischote
1 Knoblauchzehe
1 EL Honig
Salz
Pfeffer
Zitronengras
2 EL Kartoffel- oder Reisstärke
Olivenöl

Velouté
50 g Schalotten (alternativ Lauch)
50 g Pastinaken
40 g Butter
100 ml Chardonnay
100 g Obers (Sahne)
100 ml Gemüsefond
Salz
weißer Pfeffer
wenig Salzzitrone zum Aromatisieren (alternativ Zitronenzesten)

Zucchini-Risoni
150 g Risoni (alternativ Kritharaki oder andere kleine Pasta)
2 EL Olivenöl
1 mittelgroße Zucchini

→ Hühnerfilets trockentupfen und in mundgerechte Stücke schneiden. Zitronenzesten abziehen, einige für die Velouté beiseitestellen. Zitrone halbieren und auspressen.

→ Chili fein schneiden. Knoblauch ebenfalls fein schneiden. Honig, Chili, Knoblauch, Gewürze, Wasser und etwas Zitronensaft gut verrühren (restlichen Saft für die Velouté beiseitestellen). Die Fleischstücke zum Marinieren kühlstellen.

→ In der Zwischenzeit die Velouté vorbereiten. Dafür Schalotten und Pastinaken klein schneiden. In einem kleinen Topf die Butter zerlassen und das Gemüse darin anrösten. Mit Weißwein, Zitronensaft, Obers und Gemüsefond ablöschen, dann aufkochen und würzen. Reduzieren lassen. Mit Salzzitrone verfeinern.

→ Risoni in reichlich Salzwasser al dente kochen. Abseihen, dabei etwas Kochwasser auffangen. Risoni mit etwas Olivenöl beträufeln und etwas Kochwasser unterrühren.

→ Zucchini in kleine Würfel schneiden und in etwas Olivenöl kurz anrösten, dann mit der heißen Velouté mit dem Stabmixer aufschäumen und mit den Risoni vermischen.

Anrichten
Mini-Zucchini
Jungzwiebel (Frühlingszwiebel)
1 EL Öl

- Zum Fertigstellen die Hühnerfiletstücke in der Stärke wenden und in heißem Öl knusprig braten, dann herausnehmen. Mini-Zucchini und Jungzwiebel halbieren und im gleichen Öl beidseitig kurz anbraten, salzen.

- Restliche Velouté mit dem Stabmixer aufschäumen. Zucchini-Risoni mit dem knusprigen Zitronenhuhn auf vorgewärmten tiefen Tellern anrichten.

- Mit Zitronenschaum, Zucchini und Jungzwiebel garnieren.

Ricottacreme mit Himbeeren

Für 4 Personen
100 ml Kokosmilch
½ EL Maisstärke
4 EL Honig (nach Geschmack)
500 g Ricotta
2 Eiweiß
2 Stängel Minze
ca. 400 g Himbeeren (frisch oder TK)

→ 2 EL Kokosmilch abnehmen und mit der Maisstärke verrühren. Die restliche Kokosmilch aufkochen, die Stärkemischung dazugeben und alles verrühren. Honig dazugeben, unterrühren und kurz aufkochen, vom Herd nehmen und abkühlen lassen.

→ Ricotta cremig rühren und unter die zimmerwarme Kokosmischung ziehen. Das Eiweiß zu Schnee schlagen und vorsichtig unter die Ricotta-Kokosmilch-Mischung heben.

→ Minzblätter von den Stängeln zupfen und fein schneiden. Himbeeren mit dem restlichen Honig und der geschnittenen Minze vermengen und abwechselnd mit der Ricotta-Creme in Gläser füllen. Mit Minze und Himbeeren abschließen.

Quellen

Triadafilopoulos G, Korzilius JW, Zikos T, et al. Ninety-six hour wireless esophageal pH study in patients with GERD shows that restrictive diet reduces esophageal acid exposure. Dig Dis Sci 2019; Nov 2019.

Riegler M, Kristo I, Asari R, et al. Dietary sugar and Barrett's esophagus. Eur Surg 2017; 49(6): 279–281.

Newberry C, Lynch K. The role of diet in the development and management of gastroesophageal reflux disease: why we feel the burn. J Thorac Dis 2019; 11(Suppl 12): S1594–S1601.

Gu C, Olszewski T, Vaezi MF, et al. Objective ambulatory pH monitoring and subjective symptom assessment of gastroesophageal reflux disease show type of carbohydrate and type of fat matter. Therapeutic Advances in Gastroenterology 2022; 31:15:7562848221101289. eCollection 2022.

Gu C, Olszewski T, King KL, et al. The effects of modifying amount and type of dietary carbohydrate on esophageal acid exposure time and esophageal reflux symptoms: a randomised controlled trial. Am J Gastroenterol 2022; 17(10):1655–1667.

Fox M, Gyawali CP. Dietary factors involved in GERD management. Best Pratt Res Coin Gastroenterol 2023; 62–63: 101826. Epub 2023 Feb 17.

Valentini Jr DF, Fernandes D, Campos VJ, et al. Dietary weight loss intervention provides improvement of gastroesophageal reflux disease symptoms – a randomised clinical trial. Clin Obes 2023; 13(1): e12556.

Register

Liebe Leserin, lieber Leser!
Hat Ihnen dieses Buch gefallen?

Dann freuen wir uns über Ihre Weiterempfehlung. Erzählen Sie davon im Freundeskreis, berichten Sie Ihrer Buchhändlerin oder bewerten Sie beim Onlinekauf. Wünschen Sie weitere Informationen? Möchten Sie mit den Autoren in Kontakt treten? Wir freuen uns auf Austausch und Anregung unter leserstimme@styriabooks.at

Inspiration, Geschenkideen und gute Geschichten finden Sie auf www.styriabooks.at

/ StyriaBuchverlage
#Ampeldiät #AntiRefluxErnährung #KneippVerlagWien

STYRIA
BUCHVERLAGE

ISBN 978-3-7088-0841-3

Rezepte und Foodstyling: Andrea Grossmann
Einleitung: Martin Riegler
Lektorat: Sarah Schocke
Korrektorat: Dorrit Korger
Buch- und Covergestaltung: Bureau A/O,
Barbara Reiter, Anna Haerdtl, Elena Hirn
Food-Fotografie: Arnold Pöschl
arnoldpoeschl.com
Illustrationen: Irish Galizdo
Autorenfoto Martin Riegler:
weinwurm-fotografie.at
Autorinnenfoto Andrea Grossmann: Martin Assam
Projektleitung: Ilka Grunenberg

Druck und Bindung: Florjancic
7 6 5 4 3 2 1
Printed in the EU

WICHTIGER HINWEIS
Dieses Buch kann nicht die ärztliche Betreuung ersetzen. Dies gilt besonders, wenn Sie Vorerkrankungen haben und Medikamente einnehmen. Suchen Sie bei unklaren, starken oder anhaltenden Beschwerden unbedingt eine Ärztin/einen Arzt auf.
Alle Inhalte und Hinweise in diesem Buch wurden von dem Autor und der Autorin nach bestem Wissen und größtmöglicher Sorgfalt erstellt und geprüft. Eine Garantie für die Richtigkeit der Angaben und Rezepte kann nicht gegeben werden. Eine Haftung des Autors und der Autorin bzw. des Verlags und seiner Beauftragten für Personen-, Sach- und Vermögensschäden sowie Unfälle ist ausgeschlossen.